ASEAN金融資本市場と国際金融センター

アジア資本市場研究会編

公益財団法人 日本証券経済研究所

はじめに

　本書は日本証券経済研究所に設置されたアジア資本市場研究会の第4クールの成果物として上梓するものである。ASEANを舞台とした経済と金融について最近の状況を取りまとめた。

　当研究会は2005年7月に設置され、概ね2年間を1クールとしてアジアの資本市場にフォーカスした研究を続けている。各クールともにその成果を単行本として発刊してきた。第1回は『アジア証券市場と日本』、第2回が『アジア証券市場とグローバル金融危機』、第3回が『最新中国金融・資本市場』である。これらの表題が示すように、各時期のトピカルな切り口を工夫しつつも基本を踏まえた地道な研究を目指してきたつもりである。

　当研究会のメンバーは大学、民間シンクタンクと公的研究調査機関の研究者ならびに実務家から構成されている。調査・分析の視点はアカデミズムよりむしろ実務専門家を前提にしている。したがって理論的な帰結を求めるというよりも、時代の変化点を見据えつつその背景も深堀りしたスタディに重点を置いてきた。

　本書の内容は、上述のようにASEAN地域であるが、とくにいわゆるASEANの後発発展国とされるラオス、カンボジア、ミャンマーの各国とASEAN全体の域内協力の状況について議論している。その中での日本の役割や国際機関の寄与について論及しているのはもちろん、日本取引所のアジア戦略や昨今わが国で大きな話題になっている国際金融センターのあり方についても大きな問題意識を持って当たった。さらに、ASEANにおける人口動態と金融資本市場も重要課題であり、章を割いた。

　また、時あたかも、日本再興戦略の実行が図られている。周知のようにいわゆるアベノミクスの一つ目の矢と二つ目の矢はディマンドサイドの対策であり、三本目の矢がサプライサイド対策といえる。わが国の潜在成長率を高めようとする成長プランでもある。この分野でも金融・資本市場が大きな意味を持っている。広い意味での国際金融センター化がその解のひとつかもし

はじめに　1

れない。その場合には、通貨と決済の力を見据える必要がある。今回、中国関連では唯一、人民元の国際化について検討したのはそのためでもある。

　今年の暮れにはいよいよ ASEAN 共同体がスタートする。この地域の高い成長率は日本の経済界からも大きな注目を集めている。8 月にはミャンマーにヤンゴン証券取引所が創設されるが、日本の官民が全面的に支援してきたプロジェクトである。

　わが国と ASEAN 諸国との金融・資本市場の交流とその発展的将来像を描くため、あるいは国際金融センター構想を実り豊かにするために、当研究報告がいささかでもお役にたてれば幸いである。

　末筆になるが、当研究会を忍耐強く支えていただいている増井喜一郎理事長と安田賢治事務局長には心から感謝申し上げたい。

2015年 3 月

アジア資本市場研究会主査
当研究所理事
大和総研副理事長

川 村 雄 介

執　筆　分　担

はじめに　川　村　雄　介　　大和総研副理事長
　　　　　　　　　　　　　　　当研究所理事・客員研究員

第1章　　安　達　精　司　　神田外語大学外国語学部客員教授

第2章　　成　田　康　郎　　アジア開発銀行研究所　総務部長

第3章　　木　原　隆　司　　獨協大学経済学部教授

第4章　　高　田　雅　裕　　日本取引所グループ総合企画部課長

第5章　　児　玉　　　卓　　大和総研経済調査部アジアリサーチヘッド

第6章　　関　　　雄　太　　野村資本市場研究所研究部長

第7章　　広　瀬　　　健　　三菱 UFJ モルガンスタンレーPB 証券
　　　　　　　　　　　　　　　マネジングダイレクター

第8章　　薛　　　　　軍　　長崎大学経済学部教授
　　　　　　　　　　　　　　　当研究所客員研究員

目　次

第1章 変わる ASEAN〜問われる日本の姿勢〜············11

第1節　はじめに············12

第2節　ASEAN の歴史············14

Ⅰ　「冷戦構造」の下での創設············14

Ⅱ　我が国との関係············16

第3節　地域統合の「核」としての『ASEAN 経済共同体（AEC）』············19

Ⅰ　AEC の目的と概要············19

Ⅱ　現状；達成状況············22

Ⅲ　ASEAN における「金融統合」の意味
　　〜"アジア債券市場整備"と"ASEAN Trading Link"を例に〜············26

第4節　成長を約束する ASEAN の「確かな潜在性」と残された課題············33

Ⅰ　「陸の ASEAN」と「海の ASEAN」············34

Ⅱ　ASEAN 自身が描く「2025年の課題」············35

第5節　結びに代えて············40

第2章 アジア開発銀行の金融支援············45

第1節　はじめに············46

第2節　ADB の組織、機能············46

Ⅰ　組織············46

Ⅱ　機能············47

第3節　ADB の金融セクター支援············48

Ⅰ　支援形態············48

Ⅱ　Strategy 2020············49

Ⅲ　金融セクター・オペレーション計画············49

Ⅳ　MTR············51

第4節　ADB の対 ASEAN 各国金融セクター支援············51

Ⅰ	融資割合からみた特徴	51
Ⅱ	タイ	54
Ⅲ	インドネシア	55
Ⅳ	フィリピン	56
Ⅴ	ベトナム	56
Ⅵ	ラオス	57
Ⅶ	ミャンマー	58
Ⅷ	カンボジア	59

第5節　ADB のアジア債券市場育成イニシアティブに対する貢献 66
Ⅰ	タスクフォース1	66
Ⅱ	タスクフォース2	66
Ⅲ	タスクフォース3	67
Ⅳ	タスクフォース4	68
Ⅴ	ADB の役割	68

第6節　まとめとしての考察 68

第3章　ASEAN の人口動態と金融資本市場 71

第1節　ASEAN の人口動態 72

第2節　高齢化のマクロ経済への影響 74
| Ⅰ | 高齢化の経済成長への影響 | 74 |
| Ⅱ | 高齢化の貯蓄への影響 | 77 |

第3節　高齢化の金融資本市場への影響 79

第4節　高齢化する ASEAN 諸国の金融資本市場 82

第5節　ASEAN の年金制度と年金資産 86
Ⅰ	アジア太平洋の年金制度	86
Ⅱ	ASEAN 諸国の年金資産	92
Ⅲ	ASEAN 諸国の年金基金残高と長期債残高	94
Ⅳ	年金資産の金融資本市場への影響	96
Ⅴ	年金資産の一人当たり成長率への影響	98

第6節　結語 98

第4章　日本取引所グループのアジア戦略 ……103

第1節　日本取引所グループの誕生 ……104
- **Ⅰ**　経緯 ……104
- **Ⅱ**　目的 ……105
- **Ⅲ**　組織図 ……106

第2節　市場機能の統合 ……106
- **Ⅰ**　統合マイルストーン ……106
- **Ⅱ**　現物取引の統合（2013年7月）……107
- **Ⅲ**　デリバティブ市場の統合 ……107

第3節　国際競争におけるJPXのポジション ……108
- **Ⅰ**　現物市場①：売買代金推移、上場企業時価総額推移（2005〜2014）……108
- **Ⅱ**　現物市場②：日本におけるIPO推移、世界における
  IPO推移、資金調達額 ……109
- **Ⅲ**　派生商品市場①：デリバティブ取引高推移（2010〜2013）、
  取引所ランキング（2013）……110
- **Ⅳ**　派生商品市場②：上場商品ラインナップ比較 ……111

第4節　アジアの経済ポテンシャル ……112
第5節　産業構造の変化と金融資本市場の発展 ……114
第6節　アジアの人口増加とSWF・年金資産の拡大 ……114
第7節　アジアにおけるインフラ投資ニーズの拡大 ……116
第8節　諸外国取引所のアジア戦略 ……118
- **Ⅰ**　アジア戦略① ……118
- **Ⅱ**　アジア戦略② ……119

第9節　JPXのアジア戦略 ……120
- **Ⅰ**　ミャンマーにおける取引所設立支援 ……121
- **Ⅱ**　アジアの取引所でのTOPIX／JPX日経400等のETFや先物等の上場 ……122
- **Ⅲ**　TOKYO PRO-BOND Marketを通じた資金供給 ……123
- **Ⅳ**　インフラファンド市場を通じた資金供給 ……125

第5章 カンボジア、ラオス、ミャンマーの金融・資本市場 ···· 127

第1節 経済の安定性と金融資本市場の関係 ················· 128

第2節 CLM の金融・資本市場概観 ························ 133

第3節 カンボジア ································· 136

Ⅰ 対外開放度の高さ ·························· 136

Ⅱ ドル化経済 ······························· 138

Ⅲ 証券市場 ································· 138

第4節 ラオス ··································· 141

Ⅰ 年齢構成の若さ ··························· 141

Ⅱ 着実な金融深化 ··························· 142

Ⅲ 証券市場 ································· 143

第5節 ミャンマー ································ 145

Ⅰ タイ・プラス・ワンの最大の享受者？ ············ 145

Ⅱ 始まった金融市場の開放 ····················· 146

Ⅲ 証券市場 ································· 147

第6章 アジアの金融センターと ASEAN の資本市場 ·········· 151

第1節 アジアの金融センターと ASEAN ················ 152

Ⅰ 金融サービス業から見た ASEAN の魅力と課題 ······ 152

Ⅱ アジアの金融センター：市場型金融の拡大がカギを握る ·· 157

第2節 ASEAN の資本市場 ························· 163

Ⅰ 高まるアセアンの存在感 ····················· 163

Ⅱ 直接金融拡大が期待される ASEAN の金融構造 ······ 164

Ⅲ 世界金融危機後も成長を続ける ASEAN の株式市場 ····· 165

Ⅳ 整備されつつある ASEAN の債券市場 ············ 167

Ⅴ 「ASEAN・アセットクラス」形成とスタンダード確立への取り組み ·· 170

Ⅴ 市場間競争という現実と日本 ·················· 174

第7章 ASEAN 金融センターとしてのシンガポールと 日本の金融センターのあり方 ……… 177

第1節 中国経済の減速と高まる ASEAN の存在感……… 178

第2節 ASEAN 地域統括センターとしてのシンガポールの重要性……… 182

第3節 シンガポールの経済政策①：土地当り生産性の追求……… 183

第4節 シンガポールの経済政策②：外国資本の有効活用……… 186

第5節 国際金融センターとしてのシンガポール……… 187

第6節 首都機能型金融センターとクロスボーダーハブ型金融センターの違い……… 191

第7節 アジア勢からの評価が低い東京……… 192

第8節 都市総合力インデックスに見る東京の弱点……… 193

第9節 東京の国際金融センター構想は時宜に適しているのか？

─東京国際金融センター構想に欠如する国際標準の実務家視点─……… 200

第8章 オフショア市場と地域統合から見た 人民元国際化ロードマップの展開 ……… 205

第1節 人民元為替の形成メカニズムとその市場化改革……… 206

Ⅰ 人民元為替の形成メカニズム……… 206

Ⅱ 2005年以後の人民元為替改革の歩み……… 207

Ⅲ 人民元為替の市場化改革……… 209

第2節 人民元国際化の実態……… 211

Ⅰ 人民元国際化の提起……… 211

Ⅱ これまでの人民元国際化の推移……… 214

Ⅲ クロスボーダー貿易決済からオフショア資本市場の開拓へ……… 215

第3節 地域統合から見た人民元国際化ロードマップの展開……… 226

Ⅰ 「ASEAN+ チャイナ」経済関係の深化……… 226

Ⅱ アジア太平洋の一体化戦略から見る中国版のグロバリゼーション戦略……… 230

Ⅲ 人民元国際化ロードマップの展開図……… 235

第4節 人民元国際化における中国政府スタンス及びその問題点……… 239

Ⅰ 中国政府のスタンス……… 239

Ⅱ 人民元国際化の問題点……… 241

第 1 章

変わる ASEAN
～問われる日本の姿勢～

■ 第1節

はじめに

　発足から半世紀を迎える「東南アジア諸国連合（Association of South-East Asian Nations，以下、ASEANと総称）」は、今、大きな転換期にある。その歴史は、東西両陣営の「冷戦」が激化するなか、1967年8月、タイの首都、バンコクに集った5か国によるスタートまでさかのぼる。当時の東南アジアでは、米国を筆頭とする自由主義陣営と、旧ソ連を盟主とする社会主義陣営との対立が激化するなか、米軍の介入が本格化しつつあったベトナム戦争が、まさに東西両陣営対立の最前線としての意味合いが持たれていた。その一方で、ASEANの結成に加わった各国も、それぞれ固有の国内問題を抱えるといった複雑な状況にあり、現在とは大きく異なる環境のもとで、アジアにおける"自由主義陣営の防波堤として"その結束を図るといった、言わば政治的色彩の濃いなかでの"船出"となった。

　以来、ASEANは2017年で結成50周年の節目を迎える。この間、我が国とASEANとの関係は、特に1985年のいわゆる『プラザ合意』以後、進行する円高への対応として、製造業を中心とした当該地域への投資という形で更に加速していったが、これは「外資」の誘致強化を図るASEANの思惑とも合致するものであった。

　1990年代から2000年代にかけては、我が国経済界は「成長」の高い潜在性に注目し、中国への進出と大規模な投資を加速させてきたが、近年の両国における政治的軋轢の高まりに伴い、その動きにも急ブレーキがかかっている。代わって、90年代末期の「金融・通貨危機」による痛手を克服し、着実な成長を遂げてきたASEANの浮上を受け、事業展開の軸足を中国から更に「南」へ移そうとする動きが広がっている。いわゆる「チャイナ・プラス・ワン」のコンセプトである。

　一方、1980年代末期に実現をみた「冷戦の終結」とともに幕を開けた「グローバル化」も、経済の低迷を背景とした加盟国間の足並みの乱れが表面化し、当初の目標が揺らいでいる欧州共同体（EU）の姿に象徴されるよう

に、ひとつの転換期を迎えているとの見方が広がっている。むしろ、イスラム過激派の台頭や独自の地域主権尊重主義への支持の高まりなどを、ASEAN も含め、相互の協調を柱としてきた「地域統合」のあり方への新たな疑問符として指摘する向きも少なくない。

そうしたなか、我が国は2013年，ASEAN との友好関係を結んでから「40周年」という節目を迎えた。積年の課題であったアジアにおける地域統合も、本稿でとりあげた『ASEAN 経済共同体（ASEAN Economic Community，以下、AEC と総称)』の発足（2015年末を予定）を控えるなかで、今や後戻りが出来ないところまできている。換言すれば、ASEAN は「AEC」のスタートをひとつのステップとして、更なる統合の深化に向けた取り組みを進めていくことになろう。現実に、ASEAN は「地域の共同体」として存在感、影響力を高めるために、数多くの関連プロジェクトを進めている。

それらの取り組みに対し、同じ地域の一員である我が国は各方面で様々な形態でコミットしてきているが、今後はハード面だけでなく、人材の育成、エネルギー・インフラの整備、環境保全・改善など、その他、多くの面においても、その持てる技術力、経験を活かす時期を迎えているように思われる。

より柔軟なかたちで ASEAN 諸国との結びつきを強めていくことは、同時に、この地域に日本企業が築き上げてきた生産、販売の拠点・ネットワークを更に強固なものとすることにも通じる。そしてそれは、ASEAN のみならず、我が国自身の発展にも寄与していくことは明らかであろう。半世紀の歴史を経て、新たな飛躍の時に備えようとしている ASEAN と我が国の距離は、これまで以上に近いものとなりつつある。地域の経済体としての実力を固めつつある ASEAN のダイナミックな活力を取り込むことは、そのまま成熟社会を迎えた我が国の「新たな成長エンジン」にもなり得ることは論を待たない。

以下では、こうした視点から、「金融」も含め、ASEAN としての地域統合の現状、今後の課題などを整理していくこととしたい。

第1章　変わるASEAN～問われる日本の姿勢～　13

■ 第2節

ASEAN の歴史

Ⅰ 「冷戦構造」の下での創設

　ASEAN は1967年、激化の一途をたどるベトナム戦争を背景に、東南アジアの政治的安定、経済成長の促進などを目的に設立された。しかし、設立宣言に署名したのは、インドネシア、マレーシア、フィリピン、タイ、更には独立して間もないシンガポールという、当時の政治状況を反映した、言わば「反共主義」の立場を明確にしていた5カ国であったことから、東南アジアにおける『自由主義陣営の結束』を目指すことを柱として創設された。

　その後、イギリスから独立して間もないブルネイが加盟する1984年に至るまで新規の加盟国は現れなかったが、これには、東西両陣営による冷戦構造が長く続いていたことが影を落としていたことは否めない。当時、フィリピンやタイは、既に反共軍事同盟色の強かった SEATO（東南アジア条約機構）の加盟国として、ベトナム戦争でアメリカを支援し、南ベトナム（ベトナム共和国・当時）に派兵するなど、米国との強い連携下にあった。

　ベトナム戦争の終結（1975年）を経て1980年代に入ると、政情の安定などを背景にシンガポールやタイなどが経済成長の軌道に乗り始め、徐々に地域の総合的開発など、経済を中心とした分野での協力、協調体制確立の重要性が増していった。更に、米国と対立していた北ベトナム（ベトナム民主共和国・当時）も、戦争終結後は西側との貿易拡大による経済の安定と発展の重要性が増すなか、地域との連携強化に踏み切り、1995年、ASEAN への加盟が実現した。また、1997年にはラオスとミャンマー、1999年には、内政の混乱によって加盟が遅れていたカンボジアも参加するに至り、現在の10か国体制が出来上がった。設立から半世紀を迎えようとしている現在では、「ASEAN-10」の名の下に、イデオロギーの対立を超えた東南アジア全体を俯瞰する「地域の統合体」としての存在が強まりつつある（図表1－1参照）。

14

図表1-1　ASEANの組織概要

主な項目	概　要　など
(1)名称	東南アジア諸国連合（Association of South East Asian Nations, ASEAN）
(2)設立	1967年8月8日、於：バンコク
(3)設立根拠	東南アジア諸国連合（ASEAN）設立宣言（通称『バンコク宣言』）
(4)加盟国 （10カ国）	原加盟国：インドネシア、マレーシア、フィリピン、シンガポール、タイ 新規加盟国：ブルネイ（1984年）、ベトナム（1995年）、ミャンマー及びラオス（1997年）、カンボジア（1999年）
(5)目的	①域内における経済成長、社会・文化的発展の促進（相互協力）、②地域の政治・経済的安定の確保、③域内諸問題の平和的解決
(6)設立背景	① ASEAN成立以前の東南アジアには、1961年にラーマン・マラヤ連邦首相（当時）の提唱でタイ、フィリピン、マラヤ連邦の3ヶ国で結成された「東南アジア連合（ASA）」が存在 ② ベトナム戦争を背景に、地域協力の動きが活発化、加盟国間の政治的問題等により機能が停止していたASAに、更にインドネシア、シンガポールを加えた新たな機構設立の機運が高まる ③1967年8月5日、インドネシア、マレーシア、フィリピン、シンガポール、タイの5ヶ国外相がバンコクに参集、新たな地域協力体の設立を謳った「バンコク宣言」を採択、ASEANが発足

（出所）外務省、ジェトロなどのデータを基に作成

図表1-2　地域統合体としての「ASEAN」と他の類似組織体との比較（2011年）

	加盟国	人口	GDP	一人当たり GDP（US $）
ASEAN	10か国	5億9,791万人	2兆1,351億ドル	3,571ドル
EU（欧州連合）	27か国	4億9,526万人	17兆5,522億ドル	35,440ドル
NAFTA （北米自由貿易協定）	3か国*	4億6,087万人	17兆9,854億ドル	39,025ドル
メルルスコール （南米共同市場）	5か国**	2億7,763万人	3兆3,097億ドル	11,964ドル
（参考）日本	－	1億2,782万人	5兆8,672億ドル	45,903ドル

（出所）『目でみる ASEAN － ASEAN 経済統計基礎資料−』（外務省アジア大洋州
　　　局地域政策課平成24年11月）を基に一部修正
（注）＊米国、カナダ、メキシコ
　　　＊＊アルゼンチン、ブラジル、パラグァイ、ウルグァイ、ベネズエラ

Ⅱ　我が国との関係

　今でこそ我が国と ASEAN は、経済面はもとより、政治面においても良好な関係を維持、発展させているが、発足当初は今日ほど、両者の意思疎通も強固なものではなかった。むしろ、「良い関係からスタートした」とは言い難く、幾多の困難を乗り越えるなかで、言わば「雨降って、地固まる」という図式そのものの歴史でもあったと言えよう。

　40年ほど前の東南アジアでは、その頃から目立ち始めた日本の経済進出に対する反発が強まり、各地でいわゆる「反日」的な動きが広がりをみせていた。例えばマレーシアでは、特産の天然ゴム産業が日本製の合成ゴムに市場を奪われた格好となり、マレーシア政府は日本に生産の自粛を要請したが、不調に終わるという状況にあった。そのため、1973年には、「ASEAN 外相会議」（当時の ASEAN では最高意思決定機関）において「対日非難」が決議されるほど、両者の関係が悪化した。更に翌1974年、田中角栄首相（当時）が東南アジアを歴訪した時には、ジャカルタ、バンコクなどで日本の経済進出に反発する現地住民による大規模な反日デモが繰り返されるなど、今日のような「友好ムード」からはほど遠い状況が展開される有様であった。

　その結果、日本は焦点とされた「合成ゴム」問題に関する解決を図るため、ASEAN 側から要請されていた「日本・ASEAN フォーラム」の設置に合意、これを機に、両者の関係が徐々に緊密なものへと変化していった。

　1977年には福田赳夫首相（当時）による ASEAN 歴訪の際に、フィリピンのマニラにおいて、その後の我が国の東南アジア外交を律する「3原則」〜①日本は軍事大国を目指さず、世界の平和と繁栄に貢献する、②心と心の触れあう信頼関係を構築する、③対等な立場で、東南アジア諸国の平和と繁栄に寄与する〜（いわゆる「福田ドクトリン」）を発表、これにより、我が国の対 ASEAN 外交の基盤も更に固いものになったと言われている。

ASEAN側にとっても、戦前の日本とは異なり、地域内での覇権を求めず、経済面での利益を追求するとした日本企業の進出は歓迎され、以後、両者の関係は深化の度合いを強めていった。

　以来、我が国とASEANとの関係は、「経済」を軸に拡大軌道に乗り、特に1970年代から80年代、更には90年代初めにかけての我が国の高度経済成長は、インドネシアの石油、マレーシアの天然ゴムなど、ASEAN諸国からの安定した原材料の供給によるところが大であった。更に、80年代のバブル経済とその破綻を経た後、我が国経済が長引くデフレと円高の定着に直面してからは、特に製造業を中心に、2000年以降はこの地域を新たな生産拠点として位置づける動きが加速した。実際に日本企業は続々とASEAN各国に進出、現地で生産拠点を整備し、そこから更に世界に製品を輸出する構図が強まり、つれて進出先の国における産業も高度化が進み、ASEAN全体としてみれば、域内で生産される各種工業製品の品質も大きく向上した。

　現在、日本とASEANの貿易の大半は、エレクトロニクス、各種製造部品、機械、繊維などの工業製品となっており、両者の経済関係も更なる発展に向けた段階にある。換言すると、日本企業が単にコスト対応、業容の拡大などを目的に進出するだけでなく、この地域では各国の間で工程ごとの「分業」が整備され、発達をするなかで、生産そのもののネットワーク化が拡大、発展しつつあることは注目に値する。結果としてそれが証明されたのが、2011年3月に発生した「東日本大震災」による日本国内での生産減や、同年秋のタイにおける洪水による域内での部品供給の停滞をカバーするかたちとなった「広域サプライ・チェーン」としての機能にほかならない。

　紆余曲折を経ながらも、ASEANは今、"新たなステージ"へ更なる発展を遂げようとしている。同様に、我が国はもとより、日本企業もまた、急速に変貌を遂げるASEANとの関係を改めて捉え直す時期を迎えており、少子・高齢化により、今後は嘗てのような成長ペースが期待し得ない状況を踏まえれば、ASEANが生み出す活力を取り込むことで、新たな成長軌道に乗せる戦略も現実のものとなる。そこで以下、「AEC」の進捗状況を中心に、地域統合の現状と残された課題などについて概観することとしたい。

第1章　変わるASEAN〜問われる日本の姿勢〜　17

図表 1 － 3　ASEAN 設立後の変遷（日本との関係）

時期	内　　　　　容
1967年	バンコクにて、インドネシア、マレーシア、フィリピン、シンガポール、タイにより設立
1973年	「日本・ASEAN 合成ゴムフォーラム」を開催－最初の公的協力関係
1977年	福田首相（当時）、マニラで「アジア外交三原則（福田ドクトリン）」を発表　初の日本・ASEAN 首脳会議を開催
1984年	ブルネイ加盟
1995年	ベトナム加盟、「サービス」に関する枠組み協定（AFAS）へ署名
1997年	ミャンマー、ラオス加盟　「アジア通貨・金融危機」拡大～日本、総額800億ドル規模の支援を表明 "ASEAN Vision 2020"（今日の AEC の基本理念）発表
1997年	第 3 回日本 /ASEAN 首脳会議開催－以後、毎年開催
1999年	カンボジア加盟
2002年	米国が「ASEAN 協力プラン」を発表
2003年	"2020年の ASEAN 共同体（AEC）創設" を宣言
2003年	日本 /ASEAN 特別首脳会議開催－『東京宣言』
2005年	ASEAN と米国、パートナーシップ強化で合意　第一回東アジアサミット開催
2005年	『日本 /ASEAN 戦略的パートナーシップの変化・拡大』に関する共同声明採択
2006年	ASEAN と米国、『国家協力と経済統合を進めるための開発ビジョン』発表　日本、ASEAN ＋ 6 による FTA を提唱（ASEAN ＋ 6 経済担当閣僚会議の開始）
2007年	ASEAN 首脳会議として、"ASEAN 共同体設立の2015年へ前倒し" を宣言、併せて、包括的な工程表～「ブループリント」～を採択、公表
2008年	米国、ASEAN 大使を任命　『東アジア・ASEAN 経済研究センター（ERIA）』創設　ASEAN 憲章発効
2008年	日本 /ASEAN 包括的経済連携 -AJCEP- 発効
2009年	ASEAN 物品貿易協定（ATIGA）調印

2010年	加盟6カ国、原則として関税を撤廃　ASEAN Connectivity Master Plan 採択　「東アジアサミット」への米国、ロシアの正式参加が決定（2011年から）
2011年	東ティモールが加盟申請　ASEAN と中国が「東シナ海行動宣言（DOC）」履行のためのガイドラインを承認
2013年	「日本・ASEAN 特別首脳会議」開催（12月）
2015年	「ASEAN 共同体」創設（予定）

（出所）外務省、ジェトロなどのデータを基に作成

■ 第3節

地域統合の「核」としての『ASEAN 経済共同体（AEC）』

I　AEC の目的と概要

「地域の統合」を目指し、その具体的な目標として取り組んできたのが、加盟10か国間の、より自由な、かつ、発展的な経済活動を合体させる『ASEAN 経済共同体（AEC）』造りである（図表1－4参照）。

しかし、AEC は「共同体」とは言うものの、半世紀をかけて最後は『共通通貨制度』まで導入した欧州連合（EU）とは、その構造が大きく異なっている。即ち ASEAN には、「EU 委員会」に代表されるような強力な統治システムは存在せず、統合とも密接に関係する基本的な経済・金融政策などは、加盟10か国が引き続き、『個別の決定権』を行使することで運営されている。EU に比べれば、明らかに"緩い"かたちで地域経済の統合を目指しているところが、発展途上国主体の AEC の特徴と言えよう。

AEC は ASEAN にとって、まさに一大プロジェクトであり、『統合』に向けた大きなマイルストーン（一里塚）として位置づけられている。作業の出発は、いわゆる「アジア通貨危機」の傷跡も癒え始めた2003年にさかのぼる。この年の10月、インドネシア・バリで開催された ASEAN 首脳会議に

第1章　変わるASEAN〜問われる日本の姿勢〜　19

おいて、地域としての包括的な統合を、より強力に目指していくことで加盟国が一致、政治・安全保障共同体（APSC）、経済共同体（AEC）、社会・文化共同体（ASCC）から構成される『ASEAN共同体』の創設がうたわれた（『第二ASEAN協和宣言』）。

図表１－４　ASEAN共同体の概念

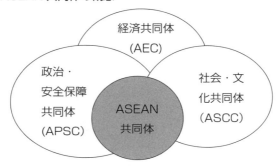

（出所）三井物産戦略研究所『2015年におけるASEANの姿』（戦略レポート2011.9.12）

　AECは、その『ASEAN共同体』を支えるまさに中核であり、加盟国間の貿易及び相互の経済活動の更なる促進の観点から、サービス、投資、ヒト・モノなどの移動の自由化、更には諸工業製品に関する各種基準の共通化及び相互認証などを包含した、広域にわたる「経済統合」を目指している。

　上記『第二ASEAN協和宣言』では、2020年までに発足させるとされていたが、年々、進展をみせる経済活動・事業展開のグローバル化や、アジアにおける二大政治大国、中国とインドの台頭などの国際情勢の変化により、当初のプランも「前倒し」を余儀なくされるに至った。その結果、2007年1月、フィリピン・セブで開催された首脳会議において、当初目標とされた2020年から『5年前倒し』とし、2015年末までに発足させることで合意、更に同年11月のシンガポールにおける首脳会議で、そのための具体的な工程表、いわゆる『ブループリント』が採択された。

　同『プリント』では、戦略的な目標として4つの課題が掲げられており、それぞれの「戦略目標」ごとに、更に"中核要素"とそれらに関連する"優先事業"から成る包括的なスケジュール（工程作業表）がとりまとめられた（図表１－５参照）。それらの各種作業は、ブループリントとして取りまとめ

図表1－5 「AECブループリント」（ASEAN経済統合のための行動計画）概要

― AEC Pillar I ―	― AEC Pillar II ―	― AEC Pillar III ―	― AEC Pillar IV ―
単一市場と生産基地 (Single market and production base)	競争力ある経済地域 (Competitive Economic Region)	均等な経済発展 (Equitable Economic Development)	グローバル経済への統合 (Integration into the Global Economy)
1．物品の自由な移動 －関税／非関税障壁の排除 －原産地規則／税関手続きの改善 2．サービスの自由な移動 －越境サービス提供の自由化 3．投資の自由な移動 －投資要件の緩和 4．資本の自由な移動 －ASEAN共通為替市場の創出 5．熟練労働者ビザ取得の容易化 6．優先統合分野 －12の重点産業の統合加速 7．食料・農業・林業	1．競争政策 －反トラスト政策の実施 2．消費者保護 －消費者保護の地域ネットワークの確立 3．知的財産権 －模倣品対策の強化 4．インフラ開発 －輸送、エネルギーインフラの改善 5．税制 －二国間の二重課税への同意 6．E-Commerce －地域における電子商取引スキームの確立	1．中小企業開発 －中小企業の資金調達（融資確保）のし易い環境整備 2．ASEAN統合イニシアティブ －不平等を減らすために途上国の成長を支える	1．外部経済地域に対する一貫したアプローチ －ASEAN外との貿易自由化（FTA）の推進 2．グローバルサプライネットワークへの参入強化 －生産・供給のベストプラクティスの採用

関税撤廃の優先実施や分野別の課題解決を実施

優先統合分野	調整国	優先統合分野	調整国	優先統合分野	調整国
① 農業産品	ミャンマー	⑥ 漁業	ミャンマー	⑪ 観光	タイ
② 航空旅行業	タイ	⑦ 保健医療	シンガポール	⑫ 木材産品	インドネシア
③ 自動車	インドネシア	⑧ 物流	ベトナム		
④ e-ASEAN (ICT)	シンガポール	⑨ ゴム製品	マレーシア		
⑤ エレクトロニクス	フィリピン	⑩ 繊維・アパレル	マレーシア		

(出所) "ASEAN secretariat"のデータを基にDeloitte Thomatsu Consultingが作成

た翌年の2008年から2015年までを対象としており、2年ごとにその進捗状況が精査されるなかで、最終的な発足を目指している（図表1－6参照）。

Ⅱ　現状；達成状況

　「第1の柱」とされている「単一市場と生産基地」では、モノ、サービス、投資、資本、ヒト（熟練労働者）の自由な移動がうたわれており、地域における経済統合の根幹をなすものとして位置づけられている。しかし、加盟国間では今も明確な経済格差が残されていることから、ここでうたわれている「単一市場」の創設が、現時点（2015年1月現在）では「支障なくスタート」するとは言い難い状況にある。それでも、タイ、マレーシア、シンガポールなど、先行する6か国は既に、ほぼ100%に近い範囲で多くの品目の「関税」を撤廃、後発とされるカンボジア、ラオス、ミャンマー、ベトナム（いわゆるCLMV）も、時期の不整合はみられるものの、概ねスケジュールに沿うかたちで関税の撤廃に取り組んでいる。

　この結果、ASEANを含む東アジアでは、各種工業製品部品・部材の生産、物流、更には加工・組立、そして域外を含む最終消費地向け出荷に至るまで「広域ネットワーク化」が進み、実態先行のかたちで"統合された生産基地"としての存在感を高めつつある。（図表1－7参照）。

　「サービスの自由化」について『ブループリント』では、5分野（航空、電子政府～e-ASEAN～、ヘルスケア、観光、物流）を挙げ、優先的に統合を図ろうとしている。2015年のスタートまでには、域外企業がこうした分野に参入する場合には、出資を「70%まで」に引き上げることを容認するとしているが、現時点では、シンガポール以外の国は、こうしたサービス分野への投資自由化については「慎重な姿勢」を崩そうとしていない。このため、当初に予定されていたレベルにまでは達しておらず、課題として残されている。換言すれば、各国ともに、こうした分野では少なからぬ雇用が確保されているため、『自由化』によって生じ得る大きな変化を避けつつ、斬新的な対応とならざるを得ないのもやむを得ないと思われる。

図表1－6 「ASEAN共同体（AEC）」の進捗状況の概観（一部）

	主要目標	現状（'14.8現在）	'15年までの追加的成果	評価	備考
全体評価		229の優先項目の82.1%を実施、第4フェーズ（'14～'15年）中に52措置を実施の予定	優先度の高い措置を先行実施。「ポスト'15AECアジェンダ」の作成	◎	実施状況に関するスコアカードによる評価を2014年に変更
関税	関税撤廃	加盟国全体では99.2%、CLMV*は72.6%を撤廃（ともに'13年12月時点）	CLMVは'15年を目標（一部は'18年）	◎	CLMV＝カンボジア、ラオス、ミャンマー、ベトナム
非関税障壁撤廃	非関税障壁撤廃	目立った進展はなし	当面は足踏み	×	具体的事例の整理等から対応
基準認証	特定商品に関する基準の調和と相互承認（MRA）	化粧品統一省令の国内法制化、電気電子機器、薬品製造検査、医療機器を対象	自動車、調整食品、建築材料、鉄鋼製品、伝統的薬品とサプリメントの技術要件の緩和	○	
資本市場統合	資本市場統合	ACMF**での各種取組み、域内でのクロスボーダー一起債のための会計基準の共通化など	2020年を目標に、①資本勘定・金融サービスの自由化を提言、更に②決済システムの統合、③資本市場開発も推進	○	これまでの取組みでは、マレーシア、タイ、シンガポールが専攻（ASEAN Trading Link など）
租税	二重課税防止の二国間協定締結	「二国間租税条約」の協力促進に向けたフォーラムを設立		×	2010年までに発効の予定が遅れている
金融サービス	保険、銀行、資本市場等を自由化	各国が自国で可能な自由化領域を明示	AFAS***金融第5パッケージに署名	○	目標は「2015年まで」
輸送円滑化	貨物の域内輸送の円滑化、一貫通関等に関する各枠組協定の締結・発効	貨物の域内輸送の円滑化では越境交通路指定、一時通関等が未発効、越境輸送ではカンボジア、比、一貫通関ではカンボジアのみ承認	国境駅・乗換駅確定。危険物の扱いはタイ、ベトナム、ラオスのみが承認	△	加盟国間での「貨物通過の円滑化」促進が最大の課題
陸上輸送	加盟国間高速道路網、Spore～昆明鉄道の完全開通・修復	ミャンマーの一部を除き、道路インフラは整備が進展するも、鉄道事業は経済性などから遅れ気味	ミャンマーの一部を除き、道路インフラが進展するも、鉄道	△	
海上輸送	単一海運市場創設	指定港湾（計47）の能力向上	指定港湾での進捗状況を評価する	△	本格実施は'15年以降

注：ACMF**：域内の資本市場整備に向け、加盟各国の証券規制当局から構成される組織（ASEAN Capital Market Forum）
AFAS***：「（金融）サービスに関する枠組み協定（ASEAN Framework Agreement on Service,1995）」。具体的な取り組み内容と工程表は「AECブループリント」上で明示されている。
（出所）「ASEAN経済共同体の進捗状況を評価する」（国際貿易投資研究所 2014年9月29日付 "フラッシュ210" を基に、一部加筆、修正

図表1-7　東アジアにおける生産ネットワーク（参考）米国の生産ネットワーク

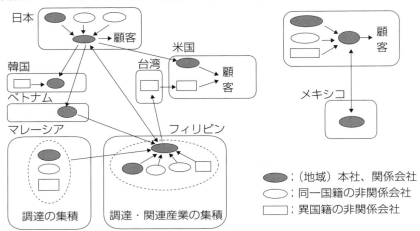

(出所) 西村英俊『日ASEAN関係と自由貿易の推進』日本貿易会月報 No.719(Nov.2013)

　一方、工程表で掲げる「熟練労働者」に代表される"ヒトの移動"についても、看護・医療、エンジニアリングなど、8つの分野に絞り込むことで調整を始めたが、著しく進展したとは言い難い。こうした分野は「専門職」とも言えるものであり、ASEANに限らず、どこの国においても、制度として何らかの「規制」的なものを設けていることが多い。反面、ASEAN域内では、既に約1千万人前後の"非熟練労働者"が国境を越えて「移動」している現実の前には、「計画」を進める難しさが改めて浮かび上がってくる。

　資本移動では、銀行を中心とした金融サービスの自由化とともに、域内加盟国の証券取引所間の連携などが始まっており、2020年をひとつの目標として、資本勘定や金融サービスの更なる自由化が提言されている（ASEANの金融事情の現状などについては、第二章以下を参照）。今後は、我が国だけでなく、各国からASEANに進出した企業による事業拡大に伴う資金需要も増加することが予想されるため、域外からの更なる資金の流入にもつながり得る資本市場の整備が期待されるところと言えよう。

　「第2の柱」としての『競争力ある経済地域』造りでは、それに不可欠とされる加盟各国の経済構造の高度化に向けた諸制度の整備が核となっており、域内横断的な競争政策の確立とともに、消費者保護、知的所有権、イン

フラ開発の推進、税制の調和などが具体的な課題として掲げられている。

　このうち、インフラ整備については、域内における物流・輸送の円滑化と産業・生活両面における効率的なエネルギー消費体制の整備に力点が置かれ、インドシナ半島を中心に、通関業務の共通化、効率化などを通じた通過貨物の増大に対応する動きが本格化している。

　「均等な経済発展」が「第3の柱」とされているのは、今後のASEAN経済の発展は、様々な産業が確実に根付いていくことに負っている部分が大きいことから、その礎となる中小企業の振興を重視していることにほかならない。言い換えると、既にボーダーレスで展開している大企業と、そのレベルには至らない中小企業、資本力などに強みをもつ外資系企業とローカル企業との間に残る、言わば体力格差を「縮小」させていくことが重要との認識に基づいたものと言える。

　この問題においては、ASEANに限らず、嘗てのEUでもみられたように、加盟国の中での国力の差、更には都市と各地方との基礎的な経済力の違いなど、どうしても『地理的な次元』に基づく格差といったものがついて回る。このため、ASEANでは、むしろ後発の加盟国から確実に経済力を引き上げる戦略を採用、先発国との間でみられる「格差」の更なる拡大を抑制しながら、言わば「全体の底上げ」を図るというステップを進めている点が注目されよう。

　上にあげた第2、第3の「柱」には、2016年以降、更に機能的、効率的な産業（基盤）集積、技術革新の推進（イノベーションの強化）、各種社会保障制度の整備、台風・洪水等に象徴される地域特有の自然災害への備え、といった課題が加わってくるとみられている。こうした新たな課題が加わることがまた、ASEANとしての「前進」につながるとも言えるわけで、その際には、既にこれまで数多くの経験、知見を有する我が国の貢献し得る余地は大きいと言えよう。

　「第4の柱」として掲げられている「グローバル経済への統合」については、既に2010年段階で、日本や中国など、5か国との間でいわゆる『ASEANプラス1』とも言える自由貿易協定（FTA）を締結済みであり、ここでも「実態先行」のかたちで一定の進展をみている。こうした成果を踏まえ、

第1章　変わるASEAN〜問われる日本の姿勢〜　25

ASEANは更に、日、中、韓など6か国との間で『東アジア地域包括的経済連携（RCEP）』の交渉を始めるなど、新たな成果を目指した動きが続いていることは見逃せない。

このように「AEC」の発足に向けた動きは4つの大きな戦略的視点から続けられており、派手な動きこそみられないが、「合意の上での改革」という、いかにもアジアらしいアプローチは、今後に期待させるものがある。

しかしながら、AEC自体は、「2015年末の発足」をもって、ASEAN全体を何か大きく変えるということを意味するものではない。ASEANという舞台での地域横断的な経済統合は、既に可能なものは"前倒し"するかたちで実施に移されており、全体を包含した統合プロセスは2016年以降も続くことを銘記しておきたい。

Ⅲ　ASEANにおける「金融統合」の意味～"アジア債券市場整備"と"ASEAN Trading Link"を例に～

1990年代末に「通貨危機」に見舞われたASEAN各国では、これを教訓に2000年代から国内金融・資本市場の改革と育成を進めており、一定の進捗をみるに至っている。AECプロジェクトでも、「自由な資本移動」は加盟各国の更なる経済発展に向けた基盤の一つとして位置付け、『金融サービス分野の自由化』の旗印の下、様々な試みがとられていることは見逃せない。

ただし、国ごとに市場インフラや関連制度、規制などのレベルが大きく異なっているため、目標年次は「2015年」ではなく、「2020年まで」延長されている。また、加盟国の個別事情を考慮するかたちで、内容によっては、「自由化」の対象から除くことも可能とされている点が、EUとは異なっていることには留意する必要がある。このため、いわゆるクロスボーダー・ベースでの取引拡大には、なお時間が必要となろう（図表1−8参照）。

図表1−8　クロスボーダー取引を促進するための必要事項

1．域内・域外との経済・金融統合のあり方に関する議論の進展（金融統合のコスト・ベネフィットの議論）、各国の立場・意見の違いの克服

２．各国債券市場の整備による市場発展段階格差の縮小（発行体の規模の拡大、信用力の向上、流通市場の流動性の改善、リスクヘッジ手段、決済システムなど）

３．発行体の拡大：証券化や信用保証の活用により、発行体の信用力を補完する。

４．投資家の拡大：域内機関投資家の育成や投資家に対する情報提供・広報活動を実施する。

５．商品開発：クロスボーダー商品（証券化商品、アジア社債ファンド、投資信託など）を開発し、触媒とする。

６．諸制度ならびに市場インフラの変更・調和の実現（資本取引規制、税制、市場関連法規制、格付け等の信用リスクデータ、会計監査基準、決済システムなど）

７．通貨に関する諸問題の解決（資本取引の自由化、域内通貨の国際化）

（出所）清水聡『経済共同体の設立と ASEAN 諸国の金融資本市場』日本総研「環太平洋ビジネス情報 RIM　2014 Vol.14 No.55」

　「資本移動の拡大」を目指す背景には、嘗ての「通貨危機」が銀行中心の間接金融による柔軟性に欠ける金融構造にも一因があったとの認識から、事業活動に必須の資金調達手段の多様化の一環として、現地通貨建てによる債券発行を通じた直接金融機能の活用に着目したことも見逃せない。

　『アジア債券市場イニシアティブ（ABMI）』は、まさにそうした考え方を具体化したものであり、我が国財務省など、ASEAN 加盟国以外の域内諸国関係者やアジア開発銀行（ADB）などが中心となって取り組まれてきた。更に、ASEAN 加盟各国の資本市場当局から成る「ASEAN 資本市場フォーラム」が主導する“域内資本市場の統合”作業も、軽視できない重要なテーマとして進められている。

　特に前者の ABMI については、ASEAN 加盟国を含むアジア地域での債券発行の拡大というかたちで、その順調な発展が注目される（図表１－９参照）。因みに、ASEAN 主要国（シンガポール、タイ、マレーシア、フィリピン、ベトナム、インドネシア）と韓国、中国、香港を合計した債券発行残高は、2014年６月末現在で約８兆ドルにまで拡大、2000年末に比べると10倍

近い増加となっている。その40%前後が社債によって占められており、一見すると、企業の資金調達における直接金融が着実に拡大しているようにうかがえる。しかしながら、社債発行残高の約90%は韓国と中国の企業によって占められており、ASEAN企業による発行事例は未だ低水準に留まっている。

　こうした状況を少しでも改善すべく、日、中、韓の三カ国を中心に、社債発行企業に対する"公的な保証"を与える枠組み[1]も整備され、2014年にはインドネシアやシンガポールなどのローカル企業が、そうした「公的保証」の下で、現地通貨建てにより社債の新規発行に踏み切るなど、具体的なケースもみられるようになってきた。こうした制度的対応に留まらず、いかに使い易い市場機能を提供していけるか、ASEANの地場企業による発行を更に増やしていくためにも、不断の取り組みが求められるところである。

図表1－9　アジアにおける債券発行残高の推移

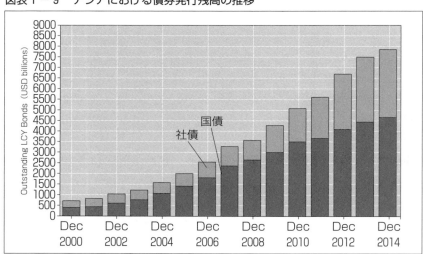

（出所）"AsiaBondsOnLine"（Asian Development Bank）

1　『信用保証・投資ファシリティ（Credit Guarantee and Investment Facility、CGIF）』を指す。ASEAN加盟国に加え、日本、中国、韓国、アジア開発銀行（ADB）の出資により、7億米ドル規模でADBの「信託基金」として、2010年11月にフィリピン・マニラに設立。日本政府（財務省）は国際協力銀行（JBIC）を通じ、2億米ドルを出資している。

一方、「ASEAN域内資本市場の統合」についても、近年の目覚ましい発展を受け、既存の証券取引所市場のリンケージを先行モデルとして、各国株式市場の相互連携を目指す動きがみられる。

　ASEANを含むアジアの株式市場の発展ぶりは、各種データからも裏付けられている。上場会社数、株式時価総額などが「通貨危機」以後、着実に増加を示している。売買金額も増加しており、流通市場の基盤とも言える流動性の拡大とともに、今後はローカル及び域外の企業による資金調達を促すという好循環の創成について応えていくことが期待されている。

図表1-10　アジアの株式市場の時価総額・上場企業数の変化

単位：億ドル	時価総額（億ドル）		上場会社数（社）	
	2003年末	2012年末	2003年末	2012年末
インドネシア	547	4,282	333	459
マレーシア	1,608	4,666	901	920
フィリピン	232	2,293	236	254
シンガポール	1,485	7,651	551	776
タイ	1,190	3,898	419	558
中国	5,130	36,974	1,285	2,494
香港	7,146	28,319	1,037	1,547
台湾	3,790	7,353	674	840

（出所）（株）日本取引所グループ『金融資本市場ワークショップからの提言』
　　　（2013年12月）を一部修正

　ASEANを含むアジアの株式市場が資金調達力を高めていくことは、この地域で育ちつつある中産階級が生み出す新たな貯蓄を地域の産業と企業へと導くことに留まらない。ASEANを中心とした広域アジアの将来性に着目し、世界規模での資金運用に注力しつつある米、英等、先進国の機関投資家や、欧米企業自身による地域への進出にも少なからぬ影響を与えていくことも予想される。更に、こうした動きが定着すれば、今後、育ってくると思われる域内の投資家にも、地域外への投資機会を新たに提供することにもなり得よう。

第1章　変わるASEAN〜問われる日本の姿勢〜　29

図表1−11 ASEAN資本市場統合の概念

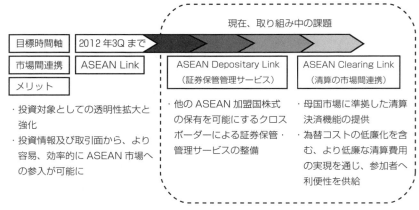

(出所) タイ証券取引所

　それには、グローバルマネーや企業の地域への流入を促しつつ、ASEAN各国の資本市場自身を、制度的にも、実態的にも、より「厚み」あるものとしていくことが求められる。効率的な投資情報の提供、確実・迅速な決済の保証といった基本的な市場制度の整備はもとより、クロスボーダーを基本とした金融規制についても、加盟国間で一層の調和・協調を図っていくことも必要となる。こうした点については、既に域内での金融市場の統合を推進してきたEUの経験、また、我が国の経験・知見などをもって貢献していくことも考えられよう。

図表1−12 「ASEAN資本市場統合実施計画」の概要

Ⅰ．域内統合を可能とする環境作り：調和と相互認証の枠組み作り
①クロスボーダー資金調達の支援（情報開示基準及び販売規制の調整、新規発行枠組みの相互認証等）
②クロスボーダーの商品販売の支援（証券会社への販売認可及び販売活動への支援等）
③クロスボーダー投資の支援（地場仲介機関を介したクロスボーダー投資の促進等）
④仲介業者の市場参入の支援（機関投資家向け商品提供・サービス供与に関する相互認証整備等）

Ⅱ．市場制度、「域内」対応商品・仲介業者の育成；証券取引所の連携とガバナンスの枠組み整備
　①取引所連携の枠組み作り（域内証券取引所の中期ビジョンの作成及び具体的な連携の実施等）
　②市場制度の整備（取引所間電子リンク、統一的清算システムの整備及び預託機関の連携等）
　③クロスボーダー取引の促進、域内共通市場の育成（投資家教育、市場情報・データ提供などを含む包括的なマーケティング計画の策定、クロスボーダー取引の障害排除等）
　④取引所と企業のガバナンス強化（取引所の株式会社化、上場ルール、コーポレート・ガバナンス基準、情報開示基準の調整を実施、取引所のリンケージ強化に向けた情報交換・協力の強化等）
　⑤新商品の開発、域内の仲介業者の育成（域内共通商品〜ETF、証券化商品、指数先物等のヘッジ商品の開発を促進⇨ "ASEANをひとつの資産クラス"にする。
　⑥域内横断で活動可能な仲介業者の育成に向けた環境作り
　⑦債券市場の強化及び統合（現行のABMIのレビュー、域内における債券発行・投資の促進、流動性の改善、クロスボーダーによる取引・決済・情報リンクの促進、格付け制度の改善、取引報告システムの統合に向けた情報開示基準の整備、債券取引に関するマーケット・メーカー制度の検討等）
Ⅲ．実行プロセスの強化；加盟各国の資本市場育成計画を支援
　①統合促進に向け、各国の資本市場育成計画を見直すとともに、その実施を加速
　②クロスボーダー取引の増加に伴うリスク削減に向け、必要なリスク管理技術の確立
　③ASEAN事務局を通じた、政策実施及び調整の強化（統合に向けた専任チームの設置及等）

（出所）前出・清水

　地域を横断するかたちで金融・資本市場のハーモナイゼーションを進めていく過程では、金融界、仲介業者等の市場関係者、内・外の投資家が自ら参画していく意志を高めていくことが求められる。その意味では、国境を越えた証券取引所間の連携は、単にシステム面の効率性向上にとどまらず、域内の資本市場が潜在的に持つダイナミズムそのものを変容させる可能性も秘めている。例えば、シンガポール、タイ、マレーシアの各取引所が共同で電子ネットワークを構築し、クロスボーダーの相互売買に途を拓いた『ASEAN

Trading Link』[2]）の試みもそうした具体的な試みとして位置づけられており、今後の展開には注目される（図表１－13参照）。

図表１－13　ASEAN Trading Link（概念図）

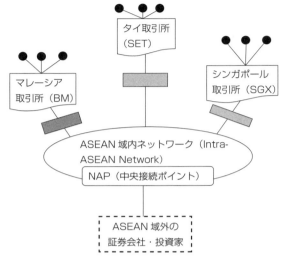

（出所）『前進したASEAN証券市場の創設に向けた取組』（三菱UFJ証券ホールディングス株式会社「制度調査月報2012.10月号」）

　2014年４月、ASEAN各国はミャンマーの首都、ネピドーで開催した定例の「財務大臣会合」において、域内資本市場の育成と統合に向け、引き続き加盟国が一致して努力するとの「共同声明」を採択した。同声明では、域内における相互の投資や貿易の拡大のためには、資本の自由な移動が欠かせないことを改めて強調しており、域内横断的な資本市場の育成と統合が、より生産性の高い分野への投資を促すうえでも不可欠であるとの認識を示している。「2015年中の発足」とされているAECプロジェクトの中でも、「域内資

2　林　宏美『アセアン・トレーディング・リンクの現状と課題』（資本市場研究会『月刊資本市場2014.8 No.348』）、江崎和子『ASEAN統合で金融は変わるか』（同）などに詳述されている。

本市場の統合」は重要なアジェンダとして銘記されており、加盟各国間では引き続き、関連する作業が続けられる見通しとなっている。

■ 第4節

成長を約束する ASEAN の「確かな潜在性」と残された課題

ここ数年、『閉塞感』に包まれた感のあった我が国では、成長するアジア、とりわけ「地域統合」に取り組んできた ASEAN との関係をより深め、その発展を自らの成長へと取り込むべきであるとの主張が増えている。"取り込む"対象とされているのは当該地域で拡大ピッチを速める消費市場であり、増え続けるいわゆる「中間所得層」が持つ購買力に支えられた「一大経済圏」としての「新 ASEAN」への強い期待という色彩が強い。

しかし、前記したとおり、ASEAN は「地域の統合体」といっても、個々の問題に対する最終的な決定は、個々の加盟国に委ねられており、この点では "実質的な政府として機能する"「欧州委員会」を擁する「強固な地域統合組織」としての EU とは明らかにその路線は異なっている。それだけに、諸課題への対応も "漸進的" となるのもやむを得ず、すべてにわたりスケジュールどおりに運ぶというわけにはいかない。2015年の「AEC 発足」を新たなステップとして、いかに更なる結束を深めていくか、今後も ASEAN は「古くて、新しい課題」と引き続き向き合っていくことになると言えよう。

アジアの発展は、今や世界経済のけん引役としてその地位を高めている。とは言うものの、ASEAN を含むこの地域が、これからも順調に経済力を高め、その規模を拡大していくには、克服すべき課題が少なくない。それらの諸課題は、先進国も等しく経験してきたものが多く、なかには今も直面している問題も含まれている。ASEAN に限らず、アジア諸国が近い将来、直面することが確実視されているこうした「構造的課題」へ、どう取り組んでいくか、その対応を誤りなきよう行うことこそが、ASEAN を中心としたアジ

第1章　変わるASEAN〜問われる日本の姿勢〜　33

アの発展を左右するカギになると思われる。この点につき、若干の私見を開陳することで、本稿をまとめることとしたい。

I 「陸の ASEAN」と「海の ASEAN」

国内経済力、その質などを比較すると、10か国から構成される ASEAN も "一枚岩" とは言い難い。むしろ、近年、推進されてきた様々な取り組みの過程では、インドシナ半島を舞台とした部品調達面、それを効率的に融通しあうための物流網の整備に代表される「陸の ASEAN」と、そうした動きからは「後背地」となるインドネシア、フィリピンなどの島しょ部〜「海の ASEAN」とに、色分けして見つめ直してみるのも可能であろう。また、インドネシアとともに、東南アジア有数のイスラム国でもあるマレーシアについても、中東を中心に、世界に18億人の人口を抱える『大イスラム圏』へのゲートウェイとして注目されよう。更に、将来の「大消費経済圏」としてみるか〜インドネシア、フィリピンなど〜、タイを中心とした、きめ細かな部品生産・調達圏〜ミャンマー、カンボジア、ミャンマーなど〜としてみるかによっても、今後の ASEAN の姿を様々に思い描くことを可能にする。

特に、インドシナ半島を含む「陸の ASEAN」における物流網の整備は目覚ましいものがある。既に北は中国の雲南省から南はシンガポール（いわゆる『南北回廊』）、東はベトナムのダナンから西はミャンマーのヤンゴンまで結ばれており（いわゆる『東西回廊』）、その先の人口12億を擁するインドにまで到達するのも時間の問題とされている。こうしたインドシナ半島を「核」とした広域物流網や国境を越えるかたちで急ピッチで進むサプライ・チェーンの整備は、「陸の ASEAN」の発展に更に拍車をかけるであろう。

しかし、それは同時に「海」に囲まれたインドネシアなど、同じ ASEAN 加盟国といっても、多数の島しょ地域を抱える国々とっては、自らが地域全体の発展から「一歩、立ち遅れるのでは ....」との懸念を拡大させる要因ともなり兼ねない。現実問題として、ASEAN 加盟後発国（いわゆる CLMV）が受けるのと同じペースで「AEC」の恩恵を受けるには、大量のコンテナの処理を可能とする大規模な港湾機能の整備が必要となるのは明ら

かであり（＝効率化が進む陸上輸送に引けをとらない、言わば“海のサプライ・チェーン造り”が不可避となる）、短期間でこれを改善するのは難しい。

　こうした構造的ハンデを重視したのか、インドネシアでは、昨年発足したジョコウィ政権が、競争力を強め始めた他の ASEAN 加盟国企業による自国市場参入には「警戒色」を強め、徐々に「保護主義」的な姿勢を強めているとも報じられている。その背後には、インドネシア自身が ASEAN では最大の「巨大な単一市場」である、という状況を活かそうという思惑も見え隠れする。

　同様の問題は、昨年、国内人口が１億人を超えたフィリピンにも当てはまる。伝統的に、国外で働く国民からの国内「送金」が経済を支えてきたフィリピンは、構造的に消費経済が育つ基盤が整っており、サービス業を中心とした産業拡大による経済成長に可能性を秘めている。となると、インドネシア同様、一気呵成に自国市場の門戸を開くところまで進むのか、疑問符は消えない。

　このように、個々の加盟国の国内事情を別の視点からみれば、ASEAN として掲げる『地域統合』も、簡単には歩調を揃えることが難しい現実が浮上してくる。「統合」に向けて歩みを進めること自体は、もはや止めることは出来ないが、これまで掲げてきた「調和のとれた、漸進的な発展」を今後もいかに確保していくのか、加盟各国の利害を調整していく作業は、更に困難さを増していくことは十分、予想されるところと言えよう。

Ⅱ　ASEAN 自身が描く「2025年の課題」

　欧州や中国などで成長軌道に黄色信号が灯る一方、ASEAN は、回復の兆しが鮮明になってきた米国とともに、比較的堅調な発展が続いている。地域の成長を支える経済規模も、加盟10か国の GDP 総額が2012年段階における２兆3,055億ドル（IMF 統計値）から2025年には、約２倍の４兆6,282億ドル（JICA 推定値）にまで拡大するとの予測がなされている。このように期待される発展・拡大も、それを可能とする潜在力を更なる成長に向けた「糧」とすることなくしては難しい。

第１章　変わるASEAN〜問われる日本の姿勢〜　35

しかし、嘗ての高度成長期に我が国も経験したように、ASEANも既に新たに生じつつある様々な『構造問題』への対応を余儀なくされている。既に一部では現実問題と化しつつあるだけに、これまでは「成長の陰」に隠され、見過ごされがちであったこれら課題へどう対処していくのか、地域の連合体としての「結束力」が再び試されていくものと思われる（図表1－14参照）。

図表1－14　「2025年」を見据えた課題

項　　目	内　　容
高齢化	・高齢者比率は2015年以降、加速 ・シンガポールとタイは「高齢社会」、その他の多くの加盟国も「高齢化社会」に突入
都市への一極集中	・都市人口は現在の1.4倍に増加、2025年にはASEANの人口の「52％」が大都市に集中 ・自動車保有数も都市化に伴い増加
ハード・インフラの整備	・アジア開発銀行（ADB）の試算では、2010～2020年のインフラニーズ（エネルギー、交通・輸送、通信、上下水道等）は1兆ドル超に
ソフト・インフラの整備	・交通、貿易円滑化等の整備は「地域としての競争力強化」に不可欠
所得、地域の格差	・地域格差は是正される可能性が高いが、複数国（インドネシア、マレーシア）では国内格差が拡大する可能性 ・ジニ係数で40％以上は「社会不安」につながる可能性も
高等教育	・高等教育（大学等）の質の確保が持続的成長に不可欠 ・トップクラスの大学数、研究者数は、シンガポール、マレーシア以外は大きく見劣り
人口ボーナスの終焉	・ラオス、フィリピン、カンボジア以外の7か国では、2025年までに「人口ボーナス期」を終え、生産人口の減少等で経済的負担の増加を招く「人口オーナス期」に突入
労働需給	・低失業率のシンガポール、タイでも、2018年以降は、生産年齢人口が減少へ

（出所）『ASEAN 2025年の展望と課題』（日本アセアンセンターーASEANアップデートセミナーシリーズ2014年12月3日開催）

(1) 「高齢化」問題

　例えば、既に我が国では問題となっている総人口に対する「生産年齢人口比率の低下」もその一つと言えよう。我が国では、既に2000年から表面化しているが、ASEAN諸国においても、2020年頃までにこの比率が減少に転じると予想されている。因みに、「高齢化社会」から「高齢社会」になるまでの期間をみると、欧州諸国が50年から100年を擁している一方、日本を含むアジア諸国では、欧州を上回るスピードで「高齢社会」を迎えることが予想されており、いずれ経済成長の制約要因として浮上してくるともの指摘されている[3]。

　一般的に、「高齢化」は経済成長の制約要因として働く可能性があるとされる。それは、生産年齢人口比率の低下と並行した高齢化の進展（いわゆる「人口オーナス」化）が、労働投入量そのものの減少、国内貯蓄率の低下を通じた投資の減少とともに、医療費・年金負担の増加などを通じた財政や家計の圧迫をもたらすという構造と化していくためであろう。

　反面、労働力人口が減少しても、生産性の上昇を確保し続けることが出来れば、経済成長そのものは鈍化、若しくはマイナスに陥ることはないとの論もある。ということは、ASEAN諸国が今後、例えば女性や高齢者等の積極的な活用などを通じて、労働力人口の増加を図り、教育の充実による人的資本の確保、イノベーションを通じた資本効率の改善などを活かして、地域全体をカバーし得る生産性の向上へとつなげていけるかが、大きな目標・政策課題となっていくものと思料される。

　ASEAN諸国をふくむアジア地域の国々の中には、経済成長によって得られるはずの「豊かさ」を実感する前に「人口オーナス」期を迎えるとみられる国も少なくない。そうした国々にとっては、当然、年金、国民医療及び介護等の社会保障制度の整備を進めることで、「高齢化」時代に備えておかねばならない。或いは、ASEANを含むアジアと我が国との関係を考える上でのヒントが、そこにあると言い換えることも出来る。

3　『通商白書（2010年版）』（経済産業省）では、『フランスが115年、スウェーデンが85年、英国が47年』というなかで、『日本は24年、シンガポールで17年、韓国で18年、タイで22年など、かなりのスピードで高齢化が進展すると予測される』としている。

世界でいち早く "少子・高齢化" を迎えた我が国がとってきた経験・知見、更には対応策等を、今後、同様の問題に直面していくと予想されている地域の国々との更なる関係の強化にむけた礎石にもなり得るよう、活かすべきではないか。

　医療・介護・健康分野に関連するビジネスも、早晩、アジア諸国等において「成長産業」としての色彩を強めていくであろう。日本で生まれた医薬、医療・介護製品・ロボットといった「財物」をアジアや海外へ展開する一方で、そうしたニーズを求める外国人を国内の医療機関への受け入れ促進などは、双方にとっても win-win という成果につながることが期待される。

図表１−15　「高齢化」社会から「高齢」社会への移行

	「高齢化」到来年(a)	「高齢」社会突入年(b)	(b)−(a)；予想年数
シンガポール	1999年	2021年	22年
タイ	2002	2022	20
ベトナム	2016	2033	17
ブルネイ	2020	2032	12
マレーシア	2021	2045	24
ミャンマー	2022	2046	24
インドネシア	2023	2045	22
カンボジア	2022	2048	26
フィリピン	2035	2070	35
ラオス	2038	2057	19
中国	2001	2026	25
インド	2024	2055	31
日本	1970	1995	25

（出所）前出・『ASEAN 2025年の展望と課題』（日本アセアンセンターASEAN アップデートセミナーシリーズ2014年12月３日開催）

(2)　水資源を含むエネルギー・環境問題
　一国の成長に留まらず、地域の発展、更には世界の『安定』にとって、エ

ネルギーや環境問題、食糧の確保といった課題への対応が年を追うごとに深刻なものとなっている。とりわけ、ASEANや中国、インドといった新興国が多数含まれるアジアにおいては、成長とともに、石炭、石油、天然ガス等の一次エネルギー資源の消費量の伸びが著しく、一部の国では、今後見込まれるその絶対量の確保が既に大きな課題になりつつある。

ASEANを含む域内新興国の成長は、当然のごとく、化石燃料の大量消費による二酸化炭素（CO_2）の排出増加をもたらし、ASEANのメンバーではないものの、中国は既に2007年に米国を抜き、世界最大のCO_2排出国となっている。

域内各国にとっては、こうした絶対量としての「温暖化ガス」の排出抑制もさることながら、一次エネルギー資源そのものの消費効率が依然として、著しく低いことも大きな課題となっている。因みに、GDPあたりの一次エネルギー供給を比べると、もともとの消費量の規模も大きいこともあるが、中国は我が国の7.6倍、インドは7.8倍と大きな開きがあることも報告されている。

これに対し、過去の「石油ショック」を経た我が国は、世界でもエネルギー消費効率が最も高いことでも知られており、これまでに蓄積してきた様々な技術、テクノロジーを活かすことで、ASEAN諸国の直面するエネルギー並びに環境問題の解決に貢献が可能ではないかと思われる。現実に、各国の工業化・都市化の進展によって予想される産業並びに自動車公害、廃棄物の処理問題等、複合的な環境問題への対処次第で、ASEANとしての将来の発展可能性にも少なからぬ影響が生じることも避けられないであろう。

それはまた、タイのバンコク、インドネシアのジャカルタ、フィリピンのマニラなど、ASEAN加盟国にみられる「大都市への一極集中による都市化」への対応にもつながるともいえよう。慢性的な渋滞にともなう様々な経済的損失の改善に留まらず、医療面でのケアも含む、より安全、安心できる住環境の整備は、間違いなく重要課題として浮上してくるであろう。更に、多数の島々を抱える国にとって弱点とされてきた、電力の安定供給の確保、日々の食材から生活関連物資に関する物流の効率化なども「大都市への一極集中」に代わる政策として推進せざるを得なくなると思われる。

第1章　変わるASEAN～問われる日本の姿勢～　39

こうした課題の解決に道筋が示されれば、それに比例して、例えば産業廃棄物の量も抑制されることが期待され、住民本位の生活基盤の整備という面でも、我が国が参画可能な新たな事業環境が誕生することも期待できる[4]。

ASEANとして今後、直面していくことが予想される環境・エネルギー問題などは、一国単位、或いは地域のみで解決できるものではない。むしろ、国境を超えた「地域全体の共通課題」にほかならない。であれば、我が国としては、効率的な発・送電技術を駆使した省エネルギーの推進、エコロジーの追及といった視点から、ASEAN加盟国や他のアジア諸国が直面していくことになる、言わば「共通の課題」解決に貢献していくことで、ASEANや地域との連携を強めていく方途を模索していくべきであろう。

■ 第5節

結びに代えて

ここ20年ほどの我が国とASEANとの関係を振り返ってみると、明らかに「それ以前の時期」におけるものとは大きな違いがみてとれる。即ち、日本にとってのASEANとは、いわゆるシーレーン（海上輸送路）の確保という観点から、その重要性は高まっているのに対し、ASEANにとっての日本の重要性は、残念ながら、相対的に低下しているという現実である。

それはどこから来るのか、と問われれば、第一には、この地域における中国の台頭であり、改めて「関与」方針を打ち出した米国の姿勢にある。換言すれば、ASEANにとっては、自らの経済的、政治的自立を軸とした戦略的視点からの環境づくりに際しての最大の要因が「米中関係」になったということにほかならず、この間における我が国経済力の相対的な低下という事実も、少なからず影響しているとも言えよう。更に、中国と並び、地域の大国としての影響力を増しつつあるインドの存在も見逃せない。それだけに、

---

4 我が国企業の中には、既にASEAN加盟国において、"新しい街づくり〜いわゆる「スマートシティー」〜"のコンセプトの下で、様々な実証実験を進めているところもある。（株）東芝が主導し、スラバヤ市（インドネシア）で進められているプロジェクトもそのひとつとされ、生活環境の改善に向けた取り組みが続けられている。

ASEANとしては、中国、インドといった地域の二大国の間で、ＥＵとは異なるかたちでの「融合」を目指すなかで、自らの存在意義を確認しつつ、組織としての結束をより強めることで、グローバル化の時代を乗り切ろうとしているようにもうかがえる。

　そんなASEANと我が国は今後、どのような関係を築き、また、更に発展させていくべきなのか。こうした大きな課題の方向性を探るため、2013年12月には『ASEAN特別首脳会議』を開催され、我が国とASEANの"未来に向けた方向性"を共有する機会が持たれたことは時宜を得たものと言えよう。その結果、「平和と安定、（経済的）繁栄、より良い暮らし、心と心の通い合う関係」の四つの分野で、双方はともに「パートナー」としてその実現を追及することを『日・ASEAN友好協力に関するビジョン・ステートメント』として発表した。

　特に近年における中国による「南進」を受け、南シナ海における海洋安全保障及び海上の安全、航行の自由と自由な通商活動等の保障については、国際法の普遍的な原則に従った平和的手段による解決を推進することが重要である点でも一致した。そこには、発足当時とは異なるかたちで「政治」に向き合わざるを得なくなったASEANとの関係を更に維持、強化したいとする日本の意識が反映されている。昨今の地域における政治環境、地政学的力学の変化などを踏まえれば、こうしたテーマが取り上げられるのも、自然の成り行きといえなくもない。

　しかし、ASEANとの連携は、勿論、「安全な海洋航行の確保」に象徴される「政治」を通じてのものだけではない。ASEANからみれば、日本との安全保障面での協力には前向きであっても、もうひとつの地域の大国、中国と対立することまでは望んでいないであろうことは、容易に想像される。故に、我が国とASEANとの相互の関係を深めるには、おのずと「経済」という、もうひとつの"協力の柱"をこれまでにも増して太くしていかねばならない。

　こうした観点に立てば、2015年に予定されている「AEC」の発足を通じ、ASEANが更に一体化を進めるということは、我が国の「成長戦略」の推進の上からも、また、大国化が進む中国とのバランスをとるうえでも、大きな

第1章　変わるASEAN〜問われる日本の姿勢〜　41

意味がある。これまでに築いてきた各方面での協力関係を踏まえ、向こう10年、更には20年を見据えた新たな関係の姿を示す好機と捉えるべきであろう。その場合には、引き続き経済面から、ASEAN 各国との協力を模索していくことが『平和国家・日本』のブランドを活かした現実的な布石になると思われる。

　例えば、ASEAN 各国の経済格差の縮小に向けた、日本ならではのかたちで貢献していくことはどうか。カンボジア、ラオス、ミャンマーといった後発加盟国の経済発展に、ハード・インフラ面だけでなく、法律、教育制度、医療といった国民生活の向上に必ずや資するソフト・インフラの面でも、これまで以上に強力な支援を行っていくことも、日本らしい貢献と思えるからである。

　現実に、ASEAN 加盟国の中には、各方面で自国の将来を担うことになる人材が不足している国が少なくない。70年前、「敗戦国」として再スタートをした日本が、短期間で世界に誇ることの出来る発展を遂げることが出来たのは、まさに国民一人一人が『知恵』を活かした国造りに取り組んできた結果にほかならない。“国造り”という面で我が国が経験してきた幾多の成功と失敗、挫折もまた、ASEAN の多くの国にとっては価値ある『反面教師』となろう。

　「国を支える」のは結局、ヒトであり、そのヒトが創り出す「知恵」であることには変わりがない。ということは、産業面だけでなく、その他の分野、「金融」においても、我が国が有する多くの経験、実績をそのまま教材として「人材育成」の面で活かしていくことは十分に可能と言えよう。前記した「アジア債券市場」の整備・育成、域内資本市場の統合といった横断的プロジェクトの推進にも、一定のスキルを持った人材が不可欠であり、その確保に対するニーズは今後も増えていくと想像される。“ヒトづくりへの支援”の強みは、その後も当事者同士の結びつきが維持されるという点にある。これからは言わば、『カオのみえる支援』にも注力すべきであろう。

　我が国の財政を考慮すれば、途上国に対する ODA（政府開発援助）を闇雲に増やすことはもはや至難の業といえよう。そうであるならば、例えば、既に ASEAN の中でも経済水準が一定のレベルに達しているシンガポール

やマレーシア、更にはタイなどの協力を得ることで、新しい連携のスキームを築き上げることで、ニーズに応えていくことも、それこそ "知恵の絞りどころ" と言えるのではないだろうか。

　アジアの発展を我が国の『内需』として取り込むべきだとの論もあるが、単に、拡大するこの地域の様々な需要に照準を合わせるだけでは、十分とは言えない。それらを本当の意味で我が国の「内需」として活かしていくには、各分野において、また、それぞれの立場において、「内需」と呼べるほどの "結びつき" を当該国、地域と我が国企業や政府レベルで強めていくことが必要となろう。そのためには、ASEAN や広域アジアの市場のことだけを考えるのではなく、「日本」自身が更なる開放に努めなければならない。それは ASEAN という地域統合の推進を梃子に、我が国自身のこれからの生き方もまた問われていることでもある。そんな ASEAN の「パートナー」を自称するのであれば、我が国こそ、より柔軟に対応していくことが求められていると言っても過言ではあるまい。

　時代とともに ASEAN も変わる。また、柔軟に対応することで、ASEAN 自身、更なる地域統合への道筋を描こうとしている。EU などとは異なる "アジア的価値観、生き方" の下での地域統合の今後の進展に、我が国がどのようにコミットし、支援を通じた『将来の果実』を手にすることが出来るのか、問われているのは、むしろ我が国自身の姿勢とも言えるのである。

＜参考文献・資料＞
・Asian Development Bank.（2013），*the Road to ASEAN Financial Integration*
・Economic Research Institute for ASEAN and East Asia，ERIA.（2012），*Mid-Term Review of the Implementation of AEC Blueprint: Executive Summary*
・Economic Research Institute for ASEAN and East Asia，ERIA.（2010），*The Comprehensive Asia Development Plan*
・Maria Monica Wihardja，ERIA Policy Brief.（2014），*Financial Integration Challenges in ASEAN Beyond* 2015

- "The Diplomat". (September 24, 2014), *Why the ASEAN Economic Community Will Struggle*
- 清水聡（2012），「アジア金融統合の現在－金融の安定化と域内内需の促進」『環太平洋ビジネス情報 RIM』2012 Vol.12 No.47
- 清水聡（2014），「経済共同体の設立と ASEAN 諸国の金融資本市場」『環太平洋ビジネス情報 RIM』2014 Vol.14 No.55
- 庄司智孝（2014），「ASEAN の中心性―域内・域外関係の視点から―」『防衛研究所紀要』第17巻第 1 号
- みずほ総合研究所（2014），「ASEAN 経済共同体の前途　積み残し課題を2015年末の発足後に継続協議へ」『みずほインサイト』2014年11月14日
- 国際協力機構（JICA）日本大学生物資源科学部プライスウォーターハウスクーパース株式会社（2014），「ASEAN2025に係る情報収集・確認調査ファイナルレポート」日本アセアンセンター主催によるセミナー資料として配布
- 神尾篤史（2014），「ASEAN 経済統合がもたらす域内証券取引所への影響（上）、（下）」大和総研2014年10月23日、同12月10日　　　　　　等

第 2 章

アジア開発銀行の金融支援

■ 第1節

はじめに[1]

　アジア開発銀行（Asian Development Bank、以下「ADB」）は ASEAN の金融市場発展に大きく寄与している。本章では、まず ADB の組織や機能を概観し、次いでその金融セクター支援全般について説明する。さらに対 ASEAN 支援について俯瞰したのちに、タイ、インドネシア、フィリピン、ベトナム、ラオス、ミャンマー、カンボジアのケースについて具体的に触れる。とくに ADB の関与が顕著な対カンボジア金融支援については詳述する。また、ASEAN ＋ 3 の枠組みでのアジア債券市場育成イニシアティブにも ADB は多大に関与していることを説明する。最後に ADB の対 ASEAN 金融セクター支援の特性や今後の課題について考察する。

■ 第2節

ADB の組織、機能

Ⅰ　組織

　いわゆる開発金融機関には世界の発展途上国に融資等を行う世界銀行と、特定地域の発展途上国のみを対象とする地域開発金融機関があり、ADB はアジア及び太平洋地域の貧困削減を図る地域開発金融機関[2]として1966年に創設された。

　本部はマニラにあり、現加盟国数は67、約1,000名の専門職員と約2,000名の補助職員が勤務する。加盟国は12のグループ[3]に分かれ、各グループを代表する計12人の理事が本部に常駐し、理事会を構成する。事務方が立案する

1　本章における意見にわたる箇所は筆者の個人的意見であり、ADB ないし ADB 研究所の公式見解ではない。

2　先進国については、アジア・太平洋のみならず世界各地域の先進国が加盟する。

3　日本など比較的出資額の大きい 3 か国はそれぞれ単独で理事を有している。

諸々の基本政策や個別案件（融資、投資等）は原則としてすべて理事会に諮られる[4]。個別案件組成の中心となるのは５つの地域局（東アジア局、東南アジア局、南アジア局、中央・西アジア局、太平洋局）である。また主な加盟発展途上国（Developing Member Country、以下「DMC」）には駐在員事務所（Resident Missions）が設けられている。ADB全体の基本政策策定の中心となるのは戦略・政策局（Strategy and Policy Department）及び地域・持続的開発局（Regional and Sustainable Development Department）等の知識関連部局などである。

Ⅱ　機能

　ADBの主たる機能はDMCsに対するプロジェクト融資[5]やプログラム融資（各種の構造改革に要する費用に係る支援）、プロジェクト等の準備・執行あるいはキャパシティ・ビルディング（職員等の能力開発）に係る技術支援（Technical Assistance、以下「TA」）などである。近年は投資をはじめとした対民間セクター支援も重要性を増している。各DMCについては国別に支援戦略が策定される。CPS（Country Partnership Strategy）と称するもので、当該DMC政府を始めとした関係機関との協議を経て策定に至る。2008年には2020年までの長期的な基本戦略を記した「Strategy 2020」が策定され、その中間地点にあたる2014年にはMidterm Review（以下「MTR」）と称する見直しが行われた。

　柱となる財源は加盟国からの拠出金及び市場で発行される債券であり、後者はいわゆるアジア開発銀行債として広く一般投資家にも購入されている。

　近年ADBが掲げるスローガンとして３つの「Ｉ」、すなわちInclusiveness、Integration、Innovationがある。このうちIntegrationはアジア地域の域内協力・統合であり、またInnovationは革新的アイデアという意味合いであり、アジアが歴史的に様々な発明に携わってきたことにも触れたうえ

4　したがって時期によっては毎日のように理事会が開催される。
5　生活用水確保、道路建設、病院建設、環境対策、教員養成など多様なプロジェクトがある。

第２章　アジア開発銀行の金融支援　47

で今日の様々な課題に対処していくうえで革新的アイデアが不可欠という意味合いを持つ。Inclusiveness は、経済成長にせよ ADB の支援案件にせよ、貧困層を含めた幅広い層が恩恵を受けることを意味しており、あえて和訳すると「包摂性」となろう。

ところで、一般に開発金融機関の存在意義として考えられるのは、政治的中立性及び基本スタンスの継続性、DMCs に対して遍く支援しているという普遍性及びそれ故の類似国・類似例からの応用の容易性、専門家を集中的に活用するという効率性などであろう。また、DMC 政府内調整を要する比較的複雑な案件の場合にも有効性が高いと考えられる。他方で、貧困削減という大目標のもと、基本政策や個別案件が大目標と整合性を保つこと、したがって各職員には自らの専門分野（たとえば道路建設、保健、教育など）に加えて開発や貧困削減に関する知見を有することが求められる。また、開発金融機関間相互の協調性や補完性も肝要である。こうした特性や課題について、ADB の対 ASEAN 金融支援に焦点を当てた考察を章末において行うこととしたい。

■ 第 3 節

ADB の金融セクター支援

I 支援形態

ADB による金融セクター支援の主たる形態としては、まず対公的セクターとして、金融セクター改革を支援するプログラム融資、決済システムや情報システムの向上を支援するプロジェクト融資、及びキャパシティ・ビルディング等の TA がある。次に対民間セクターとして、金融機関に対する投資がある。

対 ASEAN 個別国の金融セクター案件は東南アジア局が中心となり、民間セクター案件の場合には民間部門業務局も担当する。アジア債券市場育成イニシアティブについては2014年までは地域経済統合室、2015年からは地域・持続的開発局の担当となる。

金融セクター支援の指針となるのは Strategy 2020（及び MTR）、「金融セクター・オペレーション計画」、並びに各国 CPS である。以下、Strategy 2020、金融セクター・オペレーション計画、MTR について概観する。

Ⅱ　Strategy 2020

　「Strategy 2020」は、中核的な 5 つの専門分野としてインフラ、環境、地域協力・統合、金融、教育を選んでいる。金融セクター支援を選ぶ背景として、貧困層の成長プロセスに不可欠であること、及び民間セクター主導の持続的な経済発展に不可欠であることを挙げている。具体的な支援内容については、金融セクター・オペレーション計画と重複するため、ここでは割愛する。5 つの中核的専門分野に対する融資ポートフォリオの目標として、2012 年までに年間融資承認額の80％とすることを掲げた。

Ⅲ　金融セクター・オペレーション計画

　「金融セクター・オペレーション計画：Financial Sector Operational Plan（2011年策定）」においては、下記の要点が盛り込まれている。
・銀行業については、金融の核であり他の金融業や市場とも深く関連するため、本来は優先性が高い。
・Inclusive な、すなわち包摂的な金融をわかりやすく具現するものとして、マイクロファイナンス、モーバイル・バンキング、住宅金融、中小企業金融、貿易金融が重要である。
・インフラ投資が欠かせないところ、その長期調達手段が不足しているため、資本市場の発展が必要である。また、機関投資家の育成は資本市場の発展を促進するのみならず、年金は高齢化対策、保険は社会保障の一環として大切である。
・金融の安定性を確保するために、規制の枠組みや監督能力を構築し、預金保険制度を充実させる。
・ADB としてはどの分野に優先的に取組むべきかといえば、Inclusive な金

図表2－1　アジア・太平洋途上国の金融関連ニーズの類型化

国の規模または特徴	該当国（例示）	特徴とニーズ	個別事情（ASEAN 各国）
大	中国、インド、インドネシア、パキスタン	・マイクロファイナンスから資本市場に至るまで full-fledged で開発する必要性 ・各地方でのインフラニーズ、財政面での地方分権 ⇒地域的なファイナンス 　（例：債券市場）	インドネシア：グローバル経済の一員へ ∴金融の安定性は一層重要
中	（多数）	・世界経済危機に絡んで金融規制・監督面での注意が必要 ・インフラファイナンスのための資本市場と機関投資家の育成が必要	ミャンマー：中央銀行のキャパシティや金融インフラの土台確立が優先的課題
小	カンボジア、ラオス、キルギス、タジキスタン、太平洋諸国	・経済規模が単独では低い ⇒地域的なアプローチが必要	カンボジア、ラオス：公的債務に係る市場、中央銀行、銀行セクター等を強化する必要。金融インフラや規制における重複の回避を
人口密度小	モンゴル、カザフスタン、トルクメニスタン、ブータン	・金融機関の支店設置が難しいことを克服する必要	
資源国	カザフスタン	・外貨準備蓄積 ⇒資産の最適管理の必要性	
海岸線の長い国	カンボジア、インドネシア、タイ、ベトナム、スリランカ	・自然災害や気候変動に適切に対応する金融メカニズムの開発を	
社会主義国（旧・現在）	ラオス、ベトナム、カザフスタン、ウズベキスタン	・国有／国営銀行、計画経済の影響を残しつつも、金融セクターの改革の継続を	

（出典）ADB "Financial Sector Operational Plan"（2011）より作成

融及びインフラ・ファイナンスのための資本市場の2分野である。その理由・背景としては、これらに関する支援が家計、中小企業、インフラといった幅広いセクターに便益をもたらすこと、及び銀行業及び金融の安定性については他の開発パートナーも重点的に支援していることがある。

なお、「金融セクターオペレーション計画」は国毎に個別の対応が必要とする一方で、国の規模や特性に応じてニーズもある程度類型化できると指摘し、具体的に記述している。図表2－1はその要点をまとめたものである。

Ⅳ MTR

MTR（2014年）においては、まず金融セクター支援がStrategy 2020において中核的な分野の一つとされているにもかかわらず、融資に占める割合が策定前の13％（2003－2007）から8％（2008－2012）に低下しており、マイクロファイナンス及び中小企業関連のみを抽出しても策定前後で2％と低いレベルで変わっていないと指摘する。そのうえで、今後はマイクロファイナンスと中小企業関連により強く注力するとともに、消費者保護や金融リテラシー、規制・監督の枠組み等も具体的な課題として挙げている。

■ 第4節
ADBの対ASEAN各国金融セクター支援

Ⅰ 融資割合からみた特徴

図表2－2は、ADB融資の主なセクター別内訳をASEANのうち8か国についてグラフ化したものである（2013年末における累計）。また図表2－3は世界銀行による融資についてのグラフである（過去5年間の合計）[6]。

これらのグラフから、次のことが指摘できる。

まず、ADBの対金融セクター支援は、インドネシア及びタイで10％台半

6　ADBと世界銀行で対象時点が異なるため、単純な比較は適切ではない。

第2章　アジア開発銀行の金融支援　51

図表2-2　ADBによる国別・セクター別融資内訳

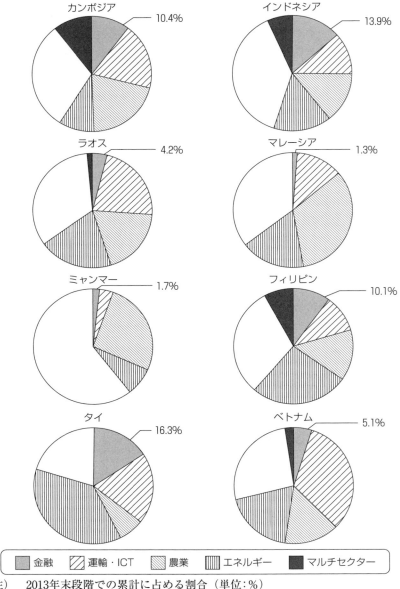

(注)　2013年末段階での累計に占める割合（単位：％）
(出典)　ADB資料より作成

図表2－3　世界銀行による国別・セクター別融資内訳

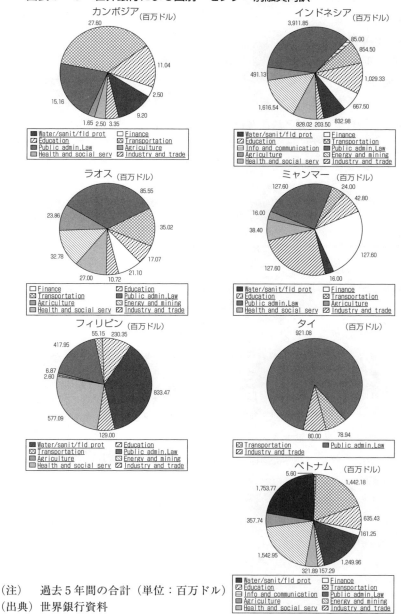

(注)　過去5年間の合計（単位：百万ドル）
(出典)　世界銀行資料

第2章　アジア開発銀行の金融支援　53

ばに達している。この両国に対しては、いずれも額の大きなプログラム融資が組成された結果である。タイには資本市場開発プログラム融資（3億ドル、2010年承認）、インドネシアには金融市場開発・統合プログラム融資（3億ドル、2012年承認）である。また、対フィリピンも10％を超えている。他方、世界銀行による融資では、これら3か国に対する金融セクター支援は比重が少ない。次に対新興市場国をみると、ラオス及びミャンマーにおける世界銀行のプレゼンスが高いことが読み取れる。対照的にカンボジアにおいてはADBのプレゼンスが高い。

　以上の点を念頭に置きつつ、各国に対するADB支援について具体的にみる。

Ⅱ　タイ

　CPSにおいては、ADBはタイの高い経済成長のためにインフラ等、PPP、金融セクター、貿易等の面で支援を行うとしており、さらに貧困層に焦点をあてるべくinclusiveな金融や金融リテラシーを促進するとしている。

　近年の案件例として資本市場開発プログラム融資（3億ドル、2010年承認）があり、その主たる項目は以下のとおりである。（プログラム融資は構造改革を支援するためのものであり、具体的な改革内容が案件ごとに詳細に設定されているところ、段階については「着手」のものもあれば、「立案」、「強化」、「完了」となっているものなど様々である。本稿では段階の如何を捨象して項目のみを記す[7]）。

・SECの法規改正（理事選出基準、海外規制機関との協力、少数株主保護）
・預金保険の改定
・国内債券市場の強化
・資本フロー規制の緩和
・金融取引に係る税の簡素化
・証券取引所改革

7　この後に紹介する各国向けプログラム融資の各項目についても同様である。

・証券市場自由化（委託手数料、免許）

・金利デリバティブ、債券先物

・キャッシュフローの証券化

Ⅲ　インドネシア

　CPSにおいては、まず銀行業以外の金融アクセスを拡大すべく、金融市場の流動性や深みを増加させることを目指すとし、投資家ベースの拡大、規制の国際基準への適合も重要とした。民間セクター支援では、住宅、クリーン・エネルギー、中小零細企業、インフラ関連の金融を挙げている。

　近年の支援例として、まず資本市場開発プログラム融資[8]（2009年10月承認）があり、下記が主な項目である。

・オークション・カレンダーの定期的なアップデート

・満期1年以内の財務省証券

・マスター・レポ契約

・プライマリー・ディーラー業務のモニター

・連続セトリングへの方向性

・ストックオプション、指数先物

・保険会社の最低資本金の引上げ

・投資家保護基金

・諸機関のキャパシティ・ビルディング

・研究面での大学との協調（資本市場等）

　また、2012年8月には下記を主たる項目とする金融市場開発・統合プログラム融資が承認された。

・金融サービス庁の創設

・グローバル・マスター・レポ契約

・地方債発行手続

・国際会計基準、国際金融報告基準への適合

8　正確には、プログラム融資を数段階に切り分けたうちの一つであるサブ・プログラム融資。

第2章　アジア開発銀行の金融支援　55

・保険会社、再保険会社の最低資本基準
・投資家層の拡大

Ⅳ　フィリピン

　CPS においては、民間セクター・オペレーションの一環としてインフラ、住宅、中小企業の金融に焦点を当てるとしている。

　案件例として注目されるのは、金融規制機関のキャパシティ・ビルディング TA（百万ドル、2011年12月承認）であり、下記の項目を盛り込んでいる。
・資本市場開発計画に係る包括的ロードマップ
・利害関係者間のコンセンサス策定
・コーポレート・ガバナンス・スコアカード
・規制機関間の協調
　融資では、金融市場規制・仲介プログラム融資[9]（2010年11月承認）があり、下記が主な項目である。
・中央銀行の再割引枠の拡大
・米ドル・レポ・ファシリティ
・預金保険上限額の引上げ
・農村金融機関合併のイニシアティブ
・規制機関間の連携強化
・上場株式の流通市場取引における印紙税免除

Ⅴ　ベトナム

　CPS において金融は、農業・天然資源、水資源その他の市民インフラ・サービス等と並んで重視すべき6分野の一つと位置づけられている。具体的には、法制度の枠組み・市場インフラの強化、債券市場の深化、中小企業金融、貿易金融、金融機関等への投資、TA 等によるキャパシティ・ビルディ

9　サブプログラム融資

ングを挙げている。

案件例として、第3次金融セクター・プログラム融資[10]（7,500万ドル、2007年11月承認）があり、下記が主な項目である。
・諸開示要件
・国際会計基準に関する更なる取組み
・会計基準に関する自主規制機関の役割
・証券保管のあり方
・国債オークションのあり方
・ベンチマークのあり方
・インターバンク、レポ市場
・独立した格付機関
・投資家保護に関する IOSCO 基準の採用
・預金保険機構の役割
・マネロン対策の認知度の向上
・保険業における投資家保護の強化
・諸規制機関の協調

また、キャパシティ・ビルディング TA の例としては、下記を主な内容とする「金融政策及び為替レート管理に係る TA（22.5万ドル、2009年10月承認）」がある。
・金融政策及び為替レート管理に係るワークショップ
・早期警戒システムに関するワークショップ
・インドネシア、フィリピン、マレイシア、タイの中央銀行への視察
・マレイシア、インドネシア中央銀行へのスタッフ出向

VI ラオス

CPS が示す中核4分野は教育、農業・天然資源、水資源その他の市民インフラ・サービス、エネルギーであり、金融は含まれていない。金融セクタ

10　サブプログラム融資

ー支援については TA や政策対話を通じて行うことが記されている。

　実際に、最近10年では、金融関連の融資案件は農村部金融セクター開発プログラム融資（2006年7月承認）のみである。その主な項目は下記のとおりである。

・農村部金融の金融セクター戦略への組込み

・健全性規制

・農業促進銀行の改組

Ⅶ　ミャンマー

　ADB の対ミャンマー支援は再開したばかりである。CPS は、以下の3つの分野を強調している。

・人的、制度的キャパシティの構築

・マクロ経済の安定、貿易・投資の促進、経済の多様化、雇用、金融仲介の改善、農業生産性向上のために必要な経済環境の促進

・農村部の生活やインフラのためのアクセス及び連結性の構築

　そして、主流となるテーマとして環境の持続性、グッドガバナンス、民間セクター開発、地域協力・統合を挙げている。

　2013年1月には「包括性のある成長に向けた改革支援プログラム融資」が承認された。多岐にわたるセクターを網羅したもので、以下、金融関連の主な項目を挙げる。

・管理変動相場

・外国為替のリテール市場

・為替の参照レート

・中央銀行組織

　なお、世界銀行の対ミャンマー支援方針では金融に関する具体的な記述がされており、以下の3点が強調されている。

・金融アクセスを改善するために、安定的かつ機能的な金融システム開発を目指すこと。そのために①マスタープラン、②十分な法的枠組み・規制の枠組みの構築、③金融システムの監督の向上、④機能的な金融セクター・

58

インフラや決済制度の構築が重要。
・金融機関に対する政策支援やキャパシティ・ビルディングを通じて中小企
　業金融を開発すること。
・マイクロファイナンス
　世界銀行も2013年1月に包括的な支援となる「改革支援融資」を承認し
た。その金融関連の主たる項目は以下の通り幅広いものとなっている。
・新中央銀行法
・中央銀行の独立性、金融政策機能、職員増強・技能強化
・金融機関法
・銀行の会計・自己資本、融資分類、引当金、流動性
・外国為替ディーラー免許
・管理変動相場
・外国為替管理法
・マイクロファイナンス監督機関
・銀行間決済システム

Ⅷ　カンボジア

　CPS においては、ADB が「金融セクター支援では引続き中心的役割を担
う」と記されている[11]。具体的には以下の諸点が挙げられており、他の
ASEAN 各国 CPS の金融関連箇所と比較しても包括性が目立つ。
・金融インフラの更なる改善
・中央銀行の規制能力の強化
・規制改革、制度改革を通じたマイクロファイナンスの拡張
・中小企業金融に係る改革
・保険業の育成
　支援案件例としては、2001年を皮切りに3次にわたるプログラム融資が実
行されている。すなわち、第1次金融セクター・プログラム融資（2001年11

11　世界銀行の対カンボジア支援方針には、金融セクター支援の中心的ドナーは ADB
　（と IMF）であり、世界銀行のオペレーションは活発ではない旨の記述がある。

第2章　アジア開発銀行の金融支援　59

月承認)、第2次金融セクター・プログラム融資(2007年12月にサブプログラム1を承認)、第3次金融セクター・プログラム融資(2011年11月にサブプログラム1を承認)である。

図表2-4は、テーマ別に各プログラム融資の主要項目を整理したものである。なお、既に記した「プログラム融資における具体的な改革内容の段階については「着手」、「立案」、「強化」、「完了」など様々であるところ、そうした段階の如何を捨象して項目のみを記す」との注釈を再掲する。

図表2-4 対カンボジア金融セクタープログラム融資(主要項目)

1. 法・規制・制度的枠組			
	第1次(2001~　)	第2次(2007~　)	第3次(2011~　)
銀行監督、保険監督、金融の安定性	銀行立入検査要員の確保		
	銀行監視・検査手続の採用		
	銀行協会の自主規制機関としての認定		
	銀行協会会員間での信用情報共有		
		BASEL1の25コア原則遵守	
			免許付与銀行の企業概要の完成
		準備率の引上げ(過剰流動性の吸収)	
	保険監督部署の設置		
	保険法の実施規則の発令、健全性に係る諸規制	火災保険の料率に係る規制、保険会社の財務報告基準	新保険法の国会提出
			システミックな危機発生時の行動計画策定

60

	第1次（2001～　）	第2次（2007～　）	第3次（2011～　）
			リエル使用促進戦略の開発
		両替業者に係る規制の実効性向上（免許、報告等）	
マイクロファイナンスの監督・規制			オンサイトの監督手法開発の継続、オフサイトの監督の質的改善
取引に係る規制	担保取引に係る法制整備		
	譲渡性商品に係る法律の制定		
	破産法の国会提出		
		商業契約法案の提出	
			消費者保護法案
			金融リース法の実施規則

2．金融インフラ

	第1次（2001～　）	第2次（2007～　）	第3次（2011～　）
決済システム		決済システムの近代化に向けた MOU を中銀・商銀間で締結	全国決済システム
			電子商取引法案の改訂
		小切手決済等、システム等の改善	
顧客の信用アクセス向上、顧客保護			金融リテラシー・プログラム（最低半数は女性）
			信用局の運営（情報の秘匿性確保）
			過剰債務に係る調査

	インターバンク市場創設の準備	インターバンクの国債レポ取引に係る規制	CD の担保適格性
インターバンク市場、政府証券市場			短期のリエル建財務省証券
			政府証券のオークション・システム
国内証券市場			証券市場に係る破産関連規則
			社債市場、集合投資スキーム、証券貸借取引に関する法的枠組の評価
			取引・決済システムの IOSCO コア原則への適合性
保険業	国有保険会社と民間保険会社のジョイント・ベンチャー		
			保険に係る認知度を高めるためのキャンペーン
			死亡率統計表（生保の料率算定に資す）
			生保の会計ガイドライン
マイクロファイナンス		一般市民からの自発的預金へのマイクロファイナンス機関のアクセス改善、国内商業銀行からマイクロファイナンス機関に対する信用供与（リエル建を含む）の増進	

3．金融セクター・ガバナンス

	第1次（2001～　）	第2次（2007～　）	第3次（2011～　）
マネロン対策	関連規制の整備	法律の制定	認知度向上のための施策
コーポレート・ガバナンス、金融セクターの透明性	国際基準に沿った商業銀行のディスクロージャー		
		銀行の監査済財務諸表、健全性規制の中央銀行ウェブサイトでの公開	
			マイクロファイナンス機関の貸付条件等のディスクロージャー
			IFRSに沿った会計・健全性基準のプログラム策定
			上場企業のコーポレート・ガバナンス・コード（非上場企業でも推進）
商業紛争処理	商業仲裁法の制定		
		全国仲裁センターの設立と認知度の向上	全国仲裁センターの理事選任
会計、監査	企業会計、監査に係る法律制定		会計・監査法改正法案の提出
	国際会計基準、国際監査基準の採用		
	全国会計カウンシル		
	会計士、監査士協会の設立		

第2章　アジア開発銀行の金融支援　63

	第1次（2001～　）	第2次（2007～　）	第3次（2011～　）
	公認会計士、監査士養成のための奨学金（年間最低70件）		
			10大学における IFRS 関連カリキュラム実施の支援

4．金融セクターの効率性

	第1次（2001～　）	第2次（2007～　）	第3次（2011～　）
システムとキャパシティ・ビルディング	外国商業銀行が包括的職員トレーニングプログラムを採用することを確保		
	中央銀行職員のキャパシティ・ビルディング		
		中央銀行における、より高度なコンピュータ・システムの採用	
		中央銀行における統合会計システムの向上と職員トレーニング	

（出典）ADB 資料より作成

　比較的多くの項目が第1次融資～第3次融資のすべてに絡んでいることがわかる。たとえば商業紛争処理については、第1次で商業仲裁法の制定、第2次で全国仲裁センターの設立と認知度の向上、第3次で同センターの理事選任と、段階的に進展している。また、ディスクロージャー等透明性については、第1次で国際基準に沿った商業銀行のディスクロージャー、第2次で銀行の監査済財務諸表、健全性規制の中央銀行ウェブサイトでの公開、第3次でマイクロファイナンス機関の貸付条件等のディスクロージャー、IFRSに沿った会計・健全性基準のプログラム策定等となっている。

　業態の観点からみると、銀行業、マイクロファイナンス、証券業、保険業と幅広くカバーされている。時間軸で概観すると、銀行業、保険業が比較的

早期から措置が講じられており、次いでマイクロファイナンス、最後に証券業となる。

こうした諸措置に加えて、目標とすべき数値が定められており、主なものを図表2－5にまとめた。

内容的には銀行業が多いが、一部に保険業や会計関連を含んでいる。目標の時間軸としては、2013年、2014年、2017年のいずれかまでに達成すること、ないしは一定の水準以上を維持し続けることとされている。実際には既に2012年6月の時点で過半数の項目が達成済であることが確認できる。

図表2－5　カンボジアの主な金融モニタリング指数

項目	ターゲット	実績値の推移	
銀行の対民間信用供与	対GDP比35％(2017)	29（2010）	→ 34.4（2012.6）
銀行預金	対GDP比45％(2017)	35（2010）	→ 42.3（2012.6）
信用アクセスを有する人口	15％（2017）	9（2010）	→ 10.1（2012.6）
銀行の平均総資産利益率	2％以上を維持	1.4（2010）	→ 2.3（2012.6）
銀行の不良債権比率	10％未満を維持	3（2010）	→ 3（2012.6）
小切手決済件数	1日当たり2,250(2014)	2,195（2010）	→ 2,643（2012.6）
ATM数	600（2013）	501（2010）	→ 611（2012.6）
銀行・マイクロファイナンス機関支払能力比率	15％超を維持	15（2010）	→ 29銀行（2012） 22MFI（2012）
マイクロファイナンス機関の不良債権比率	3％未満を維持		→ 0.27（2012.6）
総保険料	2,800万米ドル(2013)	2,400万（2010）	→ 2,900万（2012.6）
M2	対GDP比45％(2014)	38（2010）	→ 44（2012.6）
平均金利スプレッド	10％未満（2013）	12.8（2010）	→ 8.2（2012.6）
政府奨学金のもとでの自国公認会計士数	20（2014）	11（2010）	→ 20（2012.6）

（出典）ADB資料より作成

■第5節

ADBのアジア債券市場育成イニシアティブに対する貢献

アジア債券市場育成イニシアティブは、2003年8月のASEAN＋3（日中韓）財務大臣会議において合意されたイニシアティブで、効率的で流動性の高い債券市場をアジアで育成することにより、高い貯蓄率をもつアジアの貯蓄をアジア内に投資することを基本的な目的とする。2008年からは4つのタスクフォース[12]が設けられ、更に2012年に優先9項目が決定されるなど、着実に枠組みが発展しつつある。

I　タスクフォース1

タスクフォース1は現地通貨建て債券発行の促進を目指しており、2010年11月には「信用保証・投資ファシリティ：CGIF、Credit Guarantee and Investment Facility」（拠出金7億ドル）が創設された。これは文字通り投資関連の現地通貨建て債券に対して信用保証を行うもので、2013年4月には現地通貨建債券に対して初の保証を供与した。タスクフォース1はインフラ・ファイナンスのための債券の発行促進にも力を注いでいる。

II　タスクフォース2

タスクフォース2は投資家のニーズ等に着目し、現地通貨建て債券の需要の促進を目指す。その核となる事業の一つがAsian Bonds Onlineであり、直近のデータや情報が詳細に収集・Web発信されている。たとえば「域内概観」では各国の10年国債のイールド一覧、各国の国債イールドカーブがコ

12　「技術支援調整チーム（TACT）」も設けられており、債券市場育成のために必要な各国の能力強化及び人材育成を目的とした技術支援の調整を行っている。

ンパクトにまとめられている。さらに各国別、たとえばインドネシアをみる
と、2年国債・5年国債・10年国債のイールド、ジャカルタ銀行間取引金
利、最近の債券発行例といった最新情報を入手したり、公表データの一覧を
得ることができるほか、市場構造、債券購入ガイドといった基本情報にも接
することができる。

他方、より分析的で付加価値の付いたレポートとして「Asia Bond Moni-
tor」があり、3か月毎に発行されている。たとえば2014年9月23日分をみ
ると、市場動向の概観、国外投資家の動向などのほか、特集として人民元の
国際化が記述されている。

また、タスクフォース2は機関投資家向けセミナーの実施にも力を入れて
おり、Asian Bond Market Summit が開催されている。

Ⅲ　タスクフォース3

タスクフォース3は、域内のクロスボーダー債券取引を活性化すること目
的として、市場慣行の標準化や規制の調和化を図ることを目指している。そ
の核となるスキームとして、「ASEAN + 3 債券市場フォーラム：ABMF、
ASEAN + 3 Bond Market Forum」が設置され、100名を超える官民専門家
が参加している。

その最大の具体的成果物が「ASEAN + 3 Bond Market Guide」であり、
投資家の市場に対する理解度を深めてもらうことを目的として2012年4月に
発行された。2部構成になっており、第1部は法制度、市場慣行をはじめと
した市場インフラを包括的に分析するとともに、主要国別の市場ガイドにつ
いて記述する。第2部はマッチング、決済サイクル等のテクニカルな面も含
む債券取引の流れに関する詳細な情報を提供する。

また、AMBIF（ASEAN + 3 Multi-Currency Bond Issuance Framework）
の検討も行っている。

第2章　アジア開発銀行の金融支援　67

Ⅳ　タスクフォース 4

　タスクフォース 4 は債券市場関連インフラの改善を目指しており、具体的には域内決済機関の実現可能性に関する検討を行っている。

Ⅴ　ADB の役割

　こうしたアジア債券市場育成イニシアティブに対する ADB の貢献を概観する。

　まず CGIF については、ADB の TA が活用されて設立準備が進められ、ADB の信託基金として設立され、その当初拠出金 7 億ドルのうち1.3億ドルを ADB が拠出した。次いで Asian Bonds Online では Web の管理に、Asia Bond Monitor では発行に携わっている（それぞれに TA を活用）。また ABMF については事務局としての機能を担っており、そのため「ASEAN ＋ 3 Bond Market Guide」の発行等にも主体的に貢献している。これらのほか、Asian Bond Market Summit に幹部クラスが参加したり、各タスクフォースにおける検討に参画するなどしている。

　このように、ADB のアジア債券市場育成イニシアティブに対する貢献はほぼ網羅的であり、しかも代表的なプロジェクトにおける中核的な役割が顕著であると言えよう。

■ 第 6 節

まとめとしての考察

　先に第 2 節Ⅱにおいて開発金融機関の特性や課題について一般的に指摘した。ここでは、ADB の対 ASEAN 各国金融セクター支援やアジア債券市場育成イニシアティブにおける貢献を概観してきたことを受けて、それらに焦点をあてた形で論じる。

　まず、DMCs に対して遍く支援しているという普遍性から、二国間支援ではともすれば対象となりにくい国・分野をカバーする、あるいは二国間支

援の呼び水として機能するという意義を見出すことができる。とくに、国で言えば ASEAN のうち新興市場国について、また金融セクターの分野で言えば消費者保護や金融リテラシーに関して、そうした役割が強く期待できる。また普遍性は各国のニーズや課題を横断的に類型化することも可能とすることから、金融関連ニーズの類型化（第3節のⅢにおける図表2－1参照）を行うことができる。

次に、国際機関として、一国の諸官庁、中央銀行、自主規制機関等の間の協調や調整を要する比較的複雑な案件を担当しやすい特性があり、金融監督体制や規制の改訂や場合によっては新官庁の設立、キャパシティ・ビルディングの TA 等において発揮されている。

また、金融法制を整合的に制定・改訂することができる。仮に二国間支援に頼った場合には、たとえばある金融分野では A 国系、別の金融分野では B 国系というように複数の支援国法体系に基づく法制が並立する可能性がある。それに対して ADB が中心的な主体となれば整合性を確保しやすいことになる。

なお、ADB が最近掲げる標語「3つの I」に関連していえば、Integration についてはアジア債券市場イニシアティブの諸プロジェクトに対して多大な関与を行っていることが象徴的であり、Inclusiveness についてはマイクロファイナンス、中小企業金融、農村金融など随所に具体的な取組みがみられる。

他方で課題も指摘できる。

まず、金融セクター支援を担当する職員は、金融分野の専門性はもちろんのこと、開発や貧困削減、Inclusiveness に対する知見も要求されることになる。したがって、金融セクターの専門家として採用された職員の場合であっても、そうした基本概念を習得するための研修や実地経験が求められることになる。実際に、筆者の知る金融セクターを担当する ADB 職員からは、採用後の数年間は金融以外を担当し、それが大いに現在の職務に役立っているとの声が聞かれる。

次に、ある国に対する金融支援が銀行業、保険業、証券業と多岐にわたるようになり、さらに個別の項目が増加・高度化していく場合を考えると、専

門性を効率的に確保すること自体が課題となる。仮にごく少数のスタッフが担当している場合には、当該スタッフがそれらの全てについて高度な専門知識・経験を有しているとは想定しにくい。そのため、他局スタッフからの助言、外部コンサルタントへの部分的依存等の必要性が増していくほか、他の国際機関等との協調の重要性が一層高まることとなる。

　また、金融の各分野の重要性を体系的かつ効率的に DMCs に対して説明していくことが重要な課題である。その意味では、「金融セクター・オペレーション計画」における「金融の中核としての銀行業」、「Inclusive な金融としてのマイクロファイナンス、モーバイル・バンキング、住宅金融、中小企業金融、貿易金融の重要性」との位置づけは DMCs の視点でも理解しやすいであろう。他方で「インフラの長期ファイナンス手段としての資本市場」という位置付けはもっともではあるが、国民一般に対するわかりやすい説得力を有していると言えるかどうか。資本市場を育成すれば環境関連を主要投資対象にしたファンドも育ちうるといった比較的わかりやすい例示をすることも有力であろう。総じて債券市場はまだしも株式市場については体系的かつ効率的な説明に至るまでの課題が多いと言えよう。

　さらに、国際機関が主体的に関与する報告書に対しては、最新情報が盛込まれているという先入観や期待感があることを意識していくことが求められる。たとえば「ASEAN + 3 Bond Market Guide」は発行されてから既に 2 年半以上が経過しており、改訂版を求める声が高まりつつある。コストや手間との兼合いもあるので適切な改訂時期は安易には導けないものの、市場関係者等との建設的な意見交換がここでも求められているといえよう。

　こうした課題を克服しつつ、ADB が引続き対 ASEAN 金融セクター支援に多大な役割を果たしていくことが期待される。

第 **3** 章

ASEAN の人口動態と金融資本市場

■ 第1節 ■

ASEANの人口動態

　まず、ASEANの人口動態を概観してみよう。ASEANは急速な高齢化の中にある。ASEAN10カ国は、シンガポール・タイを除き未だ「高齢化社会」（65歳以上の高齢人口＞7％）に達していないが、高齢化の速度の指標である「倍化年数」（全人口に占める「高齢人口」の比率が7％を超えてから14％を超える（「高齢社会」）までの期間）で見ると、フィリピン（35年）を除き、ブルネイ（12年）、カンボジア（25年）、インドネシア（22年）、ラオス（19年）、マレーシア（24年）、シンガポール（22年）、タイ（20年）、ベトナム（16年）等、日本（25年）と同等もしくはそれ以上の速度で高齢化していく（図表3－1参照）。

　国連人口推計（2012年版）（United Nations（2013））によれば、ASEANでは、今後すべての国で高齢人口（65歳以上）比率が増大し（図表3－2参照）、生産年齢（15歳〜64歳）人口比率は2050年までに低下が始まることが予想される（図表3－3参照）。

図表3－1　ASEAN諸国の高齢化「倍化年数」

国名	ブルネイ	カンボジア	インドネシア	ラオス	マレーシア	ミャンマー	フィリピン
倍化年数 （7％超） （14％超）	12年 （2020年） （2032年）	25年 （2023年） （2048年）	22年 （2023年） （2045年）	19年 （2039年） （2058年）	24年 （2022年） （2058年）	26年 （2020年） （2046年）	35年 （2035年） （2070年）
国名	シンガポール	タイ	ベトナム	(参考)日本	韓国	中国	香港
倍化年数 （7％超） （14％超）	22年 （1999年） （2021年）	20年 （2002年） （2022年）	16年 （2017年） （2033年）	25年 （1970年） （1995年）	18年 （2000年） （2018年）	26年 （2001年） （2027年）	29年 （1984年） （2013年）

（出所）United Nations（2013）より筆者作成

　ASEAN諸国の「高齢化」は各国のマクロ経済、金融資本市場にどのような影響を与え、各国はどのように対処すべきであろうか。以下、本稿では、第Ⅱ節で高齢化の成長・貯蓄への影響を、第Ⅲ節で金融資本市場への影響を

72

図表3-2　ASEAN諸国の高齢人口比率（65歳以上人口／全人口）

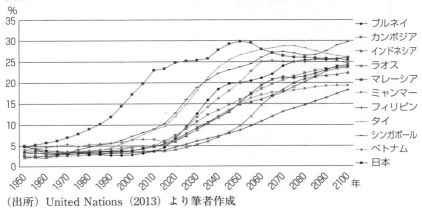

（出所）United Nations（2013）より筆者作成

図表3-3　ASEAN諸国の生産年齢人口比率（15～64歳人口／全人口）

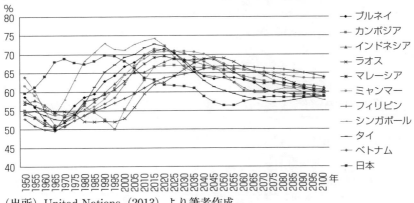

（出所）United Nations（2013）より筆者作成

筆者の推定結果等により概観する。第Ⅳ節で高齢化するASEAN諸国の金融資本市場の特性等を見た後、第Ⅴ節ではASEAN諸国の年金制度と年金資産の現状と見通し、年金資産の金融資本市場や成長に対する影響の推定結果を示し、第Ⅵ節でそれまでの議論を総括する。

■ 第2節
高齢化のマクロ経済への影響

　ASEAN 諸国の急速な高齢化はマクロ経済にどのような影響を与えるのであろうか。IMF（2004）は、一人当たり GDP 成長率が生産年齢人口比率と正の相関を持ち、高齢人口比率と負の相関を持つことを示した。その他、高齢化は貯蓄率・経常収支に負の有意な影響を与えている（図表3－4）。このように ASEAN の「高齢化」は、各国がこれまで経験してきた「人口動態の配当」（人口ボーナス）を剥落させる可能性が高い。すなわち、高齢化による労働力の減少は潜在成長率を低下させ、生産年齢人口の減少が貯蓄・投資・資本蓄積の低下を招き、更に成長率を低下させる。貯蓄の減少が投資の減少よりも大きいので経常収支は悪化する。

　以下本節では、筆者が行った実証分析結果を基に、ASEAN 諸国の人口動態が一人当たり GDP 成長率や貯蓄率にどのような影響を与えるかを見ていきたい。

Ⅰ　高齢化の経済成長への影響

Bloom and Canning（2004）は、新古典派成長モデルを修正した以下の式

図表3－4　人口動態のマクロ経済への影響：パネルⅣ推定（115カ国、1960～2000年）（＊印のついた変数は10%で統計的に有意）

被説明変数 説明変数 （人口構成変化）	一人当たり実質 GDP 成長率	貯蓄／ GDP 比率	投資／ GDP 比率	経常収支／ GDP 比率	財政収支／ GDP 比率
生産年齢人口 （15～64歳）比率	0.08*	0.72*	0.31*	0.05*	0.06
高齢人口 （65歳以上）比率	−0.041*	−0.35*	−0.14	−0.25*	−0.46*

（出所）IMF（2004）

図表３－５　人口動態の経済成長への影響

（被説明変数は一人当たり実質 GDP 成長率。２段階最小二乗法で推定）

説明変数	定数	Ln（初期の生産年齢人口比率）	生産年齢人口比率上昇率	Ln（初期の一人当たり所得）	Ln（初期の平均寿命）	Ln（1+CPI上昇率）	東アジア・ダミー	修正済みR^2	サンプル数／国数
係数（t 値）	-0.0002 (-0.01)	0.090*** (5.38)	1.589*** (4.21)	-0.011*** (-7.05)	0.037*** (4.26)	-0.030*** (-6.21)	0.017*** (4.87)	0.469	348/60

（出所）木原（2007a.b）より抜粋

でパネル推定を行うことにより、一人当たり GDP 成長率（g_y）が、労働参加率（p）、初期の生産年齢人口比率（w_0）及びその上昇率（g_w）と正の相関があることを示している。

$$g_y = \lambda (X\beta + p + w_0 - y_0) + g_w$$（X：人口動態以外の変数（制度政策環境、経済開放度、教育、地域性等）、β：係数ベクトル、λ：収斂速度、y_0：初期の所得水準）

筆者は上記推定から対象国（アジア・サブサハラ）、期間（1973～2004年）等を変えて人口動態による成長回帰を行った（木原（2007 a、b））。その結果、上記推定同様、生産年齢人口比率・その上昇率が GDP 成長に正の影響を与えていることを確認した（図表３－５）。

この推定結果によれば、例えば生産年齢人口比率が50％から60％へと上昇すれば、1.6％程度一人当たり成長率が上昇する（＝0.09×（Ln（60）－Ln（50）））。また、生産年齢人口比率上昇率の１％の高まりは、1.6％の成長率の増大をもたらす。

図表３－６に示すように、ASEAN を含む東アジアの多くの国で今後数十年のうちに、生産年齢人口比率の上昇率が低下し、マイナスになる。

実際、上記の回帰分析の結果により、0.09Ln（生産年齢人口比率）+1.6生産年齢人口比率上昇率）として、ASEAN 諸国と日本の一人当たり実質 GDP 成長率への人口動態の寄与度を推計してみると、東南アジア全体でも各国毎でも今後寄与度が低下することが示される。

図表3－6　生産年齢人口比率の上昇率（1950－2100年：各5年の年平均）

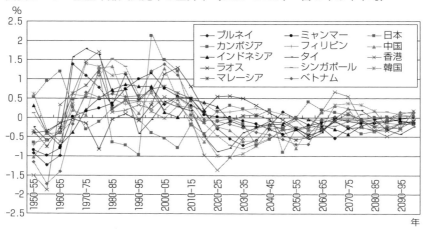

（出所）United Nations（2013）より筆者作成

図表3－7　人口動態によるASEANの一人当たり成長率への寄与度
（一人当たり実質GDP成長率＝0.09Ln（生産年齢人口比率）＋1.6生産年齢人口比率上昇率）＋C）

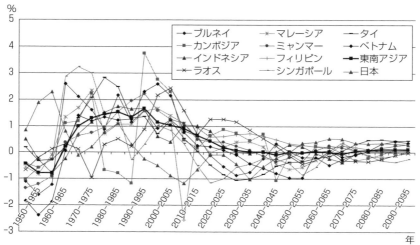

（出所）United Nations（2013）と推定結果より筆者作成

Ⅱ　高齢化の貯蓄への影響

　次に、高齢化の貯蓄への影響を見てみたい。ライフサイクル／恒常所得仮説によれば、人々は壮年期に貯蓄し、若年・高齢で貯蓄を取り崩すことが想定される。Bosworth and Chodorow-Reich（2007）は、先進国を含む85カ国、1960－2004年（5年1期）のパネル推定を行い、高齢・若年依存人口の増加が貯蓄率を低下させることを示した。特にアジアで人口動態の影響は大きいことが示されており、今後急速な高齢化が進むアジアでは他の地域以上に貯蓄率が低下する可能性ある。また、年齢別推定では、貯蓄率は40〜50歳台でピークになることが確認された。

　木原（2007a、b）で、対象国をアジア・サブサハラの途上国に絞り、推定期間（73－04年の4年1期）を変えて貯蓄率を推定しても、類似した推定結果（成長率の効果、所得増にともなう収穫逓減（所得の自然対数値の係数が有意に正）等）が得られた。図表3－8によれば、貯蓄率は生産年齢人口に対する高貯蓄世代（40〜64歳）人口比率と正（同比率が1％ポイント増えると、国内総貯蓄率は0.5％ポイント増える）、高齢人口比率と負（同比率が1％ポイント増えれば貯蓄率が2％ポイント以上も減少）の頑健な関係が見られる。

　ASEAN の高貯蓄世代人口は今後どのような動きをするのであろうか。ASEAN を含む東アジア各国の高貯蓄世代人口割合（図表3－9）を見ると、ASEAN 諸国では高貯蓄世代の人口比率は当面増え続けるが、シンガポールでは2015年、ブルネイで2020年、タイで2025年、ベトナムで2035年、カ

図表3－8　人口動態の貯蓄率への影響
（被説明変数は国内総貯蓄 /GDP。国別ウエイトでの不均一分散修正により推定）

説明変数	定数	高貯蓄世代比率(40〜64歳)/15〜64歳)	高齢人口比率(65歳以上)/15〜64歳)	一人当たり GDP 成長率	一人当たり GDP 成長率の一期ラグ	Ln(一人当たり GDP)	修正済み R^2	国数/サンプル数
係数 （t 値）	−0.560*** （−20.30）	0.500*** （4.02）	−2.097*** （−7.46）	0.654*** （7.10）	0.448*** （4.55）	0.096*** （22.93）	0.790	64/382

（出所）木原（2007a,b）より抜粋

第3章　ASEANの人口動態と金融資本市場　77

図表3－9　東アジアの高貯蓄世代（40〜64歳）人口比率

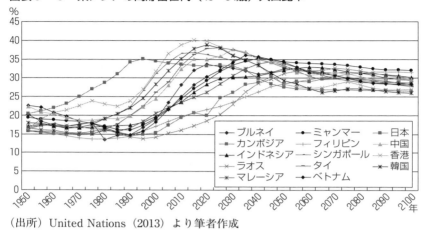

（出所）United Nations（2013）より筆者作成

図表3－10　人口動態によるASEANの国内総貯蓄/GDPへの寄与度推計
（国内総貯蓄/GDP=0.5×高貯蓄/生産人口比率－2×高齢/生産人口比率)+C）

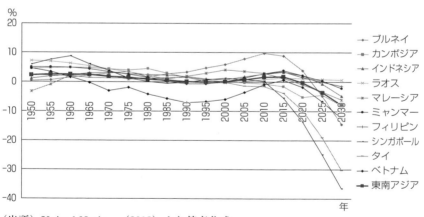

（出所）United Nations（2013）より筆者作成

ンボジア・ミャンマーで2045年、インドネシアで2060年、ラオスで2070年、フィリピンでも2090年にピークを迎え、全ての国で今世紀中には高貯蓄世代の減少を経験することが予想される。

　また、この人口動態を上記の推定結果に代入してASEAN諸国の国内総

貯蓄/GDP 比を推計すると、2015〜20年にマイナスに陥る国が多い（図表3-10）。

高齢社会の少ない貯蓄を効率的に活用して持続的な投資・経済成長に結びつけ、貯蓄が潤沢にある時期に各国の金融資本市場の脆弱性を取り除いておく必要がある。

■ 第3節
高齢化の金融資本市場への影響

高齢化が、貯蓄率の変化、金融資産の嗜好変化を通じて金融資本市場に大きな影響を与えるとの、理論や実証研究がこれまで多数提示されてきた。IMF（2004）は、「実証分析ではしばしば高貯蓄世代の人口と資産価格との間の頑健な正の関係が示されており、ベビーブーマーの高齢化が株価を引き下げる可能性」があることを示唆した（いわゆる「資産市場溶解仮説（Asset Market Meltdown Hypothesis）」）。

Bessho and Kihara（2006）は、50カ国、長期（1950年-2004年）のパネルデータを用いて人口動態が実質株価指数や株式収益率（株価指数の上昇率）、国債の実質利回りに与える影響を推定し、高齢化の「資産市場溶解仮説」とほぼ整合的な実証結果を得ている。すなわち、（ⅰ）高貯蓄世代比率の増加が資産保有を増大させ資産価格（株価）を上昇させること（逆であれば資産市場溶解）、（ⅱ）高齢化が進めば長期債保有が減少するので国債価格が低下し国債利回りが上昇することを示した。

図表3-11は、人口動態の実質株価指数（対数値）、実質国債利回りへの影響を推定した結果の抜粋であり、実質株価には高齢人口比率との有意な負の関係、高貯蓄世代比率との有意な正の関係が見られる。これは、ベビーブーマー退職後の「資産市場溶解」の可能性を示している。また、実質国債利回りは高齢人口比率と有意な正の関係、高貯蓄世代比率とはその長期債券嗜好を反映して有意な負の関係が見られる。

係数の推定結果と国連人口推計を用いて、人口動態による ASEAN 諸国の株価上昇率（年率）寄与度を推計してみると（図表3-12参照）、現在は

図表3-11　人口動態の株価・国債利回りへの影響

被説明変数	説明変数	Ln(高齢人口比率)(65歳+/15-64歳)	Ln(高貯蓄世代比率)(40-64歳/15-64歳)	AR(1)	修正済みR^2	サンプル数
Ln(実質株価指数)国別固定効果モデル	係数 (t値)	-0.914* (-1.77)	2.354*** (3.24)	0.759*** (16.24)	0.831	291
実質国債利回り国別固定効果モデル	係数 (t値)	7.369*** (7.54)	-8.732*** (-5.54)		0.417	244

(出所) Bessho and Kihara (2006) より抜粋

図表3-12　人口動態によるASEANの株価上昇率（年率）推計
(LN(株価指数)=2.4LN(高貯蓄/生産人口比率)-0.9LN(高齢/生産人口比率)+C)

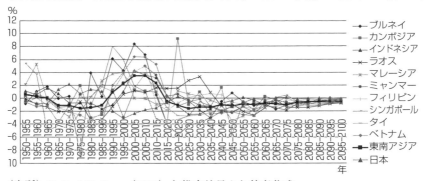

(出所) United Nations (2013) と推定結果より筆者作成

図表3-13　人口動態によるASEANの実質国債利回り引上げ率（5年間）推計
(実質国債利回り=7.4LN(高齢/生産人口比率)-8.7LN(高貯蓄/生産人口比率)+C)

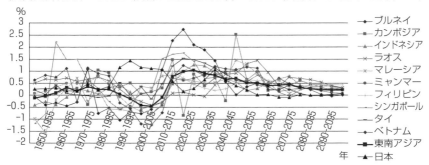

(出所) United Nations (2013) と推定結果より筆者作成

株高に寄与している国が多いが、2010年代以降上昇率寄与が低下し、マイナスになる可能性が示唆される。

また、人口動態によるASEAN諸国の実質国債利回り引き上げ率（5年間）寄与度を推計してみると（図表3－13参照）、2010年頃を底に今後上昇していく可能性が示されている。

「東南アジア地域」（ASEAN10か国と東チモール）の年齢別人口構成の推移を見てみると、「東南アジア地域」全体としては、高貯蓄世代人口は増大していくが、同時に高齢人口も大きく増加し、最も人口の多い年齢層は高齢層へと移行していくことがわかる（図表3－14参照）。ASEAN各国ベースで見ても高齢人口が大幅に増大していく。

東アジア各国の（高齢人口／高貯蓄世代人口）比率を見てみると（図表3－15参照）、「東南アジア地域」の（高齢人口／高貯蓄世代人口）比率は2010年の22.6％から2050年には52.3％へと急増する。すなわち、金融資産を売却しがちな高齢人口の増大、金融資産を購入しがちな高貯蓄世代人口の停滞・減少が予想され、「資産市場溶解仮説」が想定するような金融資産価格の低下、金利の上昇等の現象が今後起こる可能性は否定できない。

図表3－14　東南アジア地域の年齢別人口推移

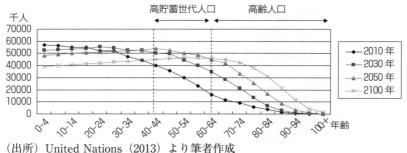

（出所）United Nations（2013）より筆者作成

図表 3 −15　東アジア各国の（高齢（65歳以上）人口／高貯蓄世代（40〜64歳）人口）比率推移

国・地域	2010年	2030年	2050年	2100年	国・地域	2010年	2030年	2050年	2100年
東アジア	29.67%	47.00%	76.76%	99.23%	東南アジア	22.59%	33.75%	52.28%	84.92%
日本	68.22%	92.15%	132.21%	134.42%	ラオス	23.20%	24.00%	33.63%	93.71%
中国	25.82%	42.91%	71.47%	95.08%	マレーシア	20.62%	31.78%	49.79%	98.19%
香港	33.16%	73.53%	125.22%	137.11%	ミャンマー	20.89%	27.27%	45.65%	66.07%
韓国	31.57%	64.97%	118.67%	141.78%	フィリピン	18.87%	26.78%	32.66%	64.98%
ブルネイ	12.97%	40.18%	69.12%	115.13%	シンガポール	24.70%	59.40%	88.13%	144.12%
カンボジア	25.98%	34.89%	56.33%	102.76%	タイ	26.64%	51.99%	89.80%	118.08%
インドネシア	21.21%	30.53%	49.27%	85.84%	ベトナム	26.16%	37.71%	67.47%	111.25%

（出所）United Nations（2013）より筆者作成

■ 第4節
高齢化する ASEAN 諸国の金融資本市場

　高齢化は金融資本市場の取引量、価格、取引主体に大きな影響を及ぼす可能性がある。貯蓄が減少し金融資産の売却が増え、株価や債券価格が下がり、年金基金等が大きな取引主体として台頭してくる。このような中、ASEAN 諸国の金融資本市場は、①資産需要のシフトに対応し、②現在は豊富な貯蓄を投資に結びつけ、③今後減少が予想される貯蓄を効率的に投資にまわすだけの準備はできているのだろうか？

　Cihak，Demirguc-Kunt，Feyen，Levine(2012)は、Global Financial Development Database(GFDD)を用いて世界205か国・地域の金融システムの特性（深化（金融機関・市場の規模）、アクセス（金融サービスの利用度）、効率（資金仲介・金融取引促進の効率性）、安定（金融機関・市場の安定性）を指標化している。図表 3 −16に ASEAN+ 3 諸国の金融システムの特性（2008−10年平均）をまとめた。図表 3 −16の括弧内の数字は、下からの四分位値を表している（ 1 （最低25%）〜 4 （最高25%））。Zスコアは、（資本

図表3－16　ASEAN＋3諸国の金融システムの特性（2008－10年平均）

	金融機関（銀行）				金融市場（証券）			
	深化	アクセス	効率	安定	深化	アクセス	効率	安定
	民間信用/GDP(%)	成人1000人当たりの商業銀行数	貸付・預金金利スプレッド(%)	Zスコア（商業銀行・加重平均）	（株式時価総額＋国内社債残高）/GDP(%)	10大企業以外の株価/株価総額(%)	株式回転率(%)	ボラティリティ-（1年物国債価格の標準偏差/平均価格）
ブルネイ(3)	39.8(3)		4.8(3)	5.9(1)				
カンボジア(1)	23.3(2)	91.6(1)		15.2(2)				
中国(4)	111.1(4)		3.1(4)	34.8(4)	109.9(4)	71.6(4)	187.8(4)	41.3(1)
香港(4)	152.9(4)		4.8(3)	33.1(4)	532.5(4)	58.1(3)	155.8(4)	30.6(3)
インドネシア(3)	23.8(2)		5.5(3)	18.3(3)	33.1(2)	53.2(3)	93.7(3)	30.4(2)
日本(4)	103.7(4)	7185.2(4)	1.2(4)	32.9(4)	114.3(4)	60.7(4)	124.9(4)	28.6(3)
韓国(4)	101.6(4)	4374.1(4)	1.7(4)	13.4(2)	147.8(4)	67.1(4)	229.4(4)	42.2(1)
ラオス(1)	10.4(1)	44.3(1)	20.2(1)	11.2(2)				
マレーシア(4)	106.3(4)	1570.3(4)	2.8(4)	19.6(3)	173.2(4)	62.5(4)	34.4(3)	21.1(4)
ミャンマー(1)	3.3(1)		5.0(3)	3.2(1)	8.2(1)		3.4(1)	48.1(1)
フィリピン(3)	27.2(2)	431.6(2)	4.8(3)	36.8(4)	49.7(3)	51.2(3)	28.8(3)	31.3(3)
シンガポール(4)	97.4(4)	2070.3(4)	5.1(3)	46.4(4)	160.9(4)	65.0(4)	104.2(4)	30.8(4)
タイ(3)	93.7(4)	1082.7(3)	4.8(3)	4.5(1)	75.2(3)	52.4(3)	109.1(4)	33.4(2)
ベトナム(4)	96.8(4)		2.4(4)	23.2(3)	17.1(1)		141.6(4)	43.7(1)
全世界平均	56.3	904.7	7.7	19.2	71.2	44.8	56.9	33.6

（出所）Cihak, Demirguc-Kunt, Feyen, Levine（2012）より筆者作成

＋収益）の収益変動比を示しており、Z＝{株式資本比率（k）＋資産収益率（μ)}／資産収益率の標準偏差（σ）として算出されたものである。これを見ると、ほぼすべて第4分位（最高25％）の日本等に比べ、ASEAN諸国は、シンガポール・マレーシアを除き、第1・第2分位の国が多く、各国で異なる課題を抱えていることがわかる。

　一方、1997年の東アジア通貨危機以降、ASEAN諸国では満期と通貨のダブルミスマッチを防ぐため、金融資本市場強化努力を進めており、特に現地

第3章　ASEANの人口動態と金融資本市場　83

図表 3 −17　現地通貨建て債券市場の規模と構成

国・地域	総額(10億ドル)	国債(10億ドル)	社債(10億ドル)	総額増加率(%)	国債増加率(%)	社債増加率(%)	総額/GDP(%)	国債/GDP(%)	社債/GDP(%)
中国	4454	3050	1405	13.6	6.9	31.3	47.4	32.5	15.0
香港	194	108	85	9.2	16.1	1.6	71.4	39.9	31.4
インドネシア	108	90	18	20.1	20.9	16.4	14.4	12.0	2.4
韓国	1641	626	1015	10.0	7.9	11.4	135.2	51.6	83.6
マレーシア	312	182	130	2.2	− 0.2	5.9	105.7	61.8	43.9
フィリピン	101	88	13	10.2	9.9	12.4	38.8	33.7	5.1
シンガポール	242	150	92	8.3	9.3	6.7	85.0	52.6	32.4
タイ	275	214	61	5.7	3.5	14.0	72.6	56.4	16.2
ベトナム	29	28	0.7	15.6	17.9	− 36.0	16.9	16.5	0.4
東アジア新興国	7355	4535	2820	11.7	7.2	19.7	56.5	34.8	21.7
日本	10050	9260	790	4.7	5.4	− 3.0	221.2	203.8	17.4

（出所）ADB（2014a）より筆者作成

通貨建て債券（LCBs）市場に関しては ABMI（アジア債券市場イニシアティブ）、ABF（アジア債券ファンド）などのイニシアティブが大きく進展した。

　ASEAN 諸国で債券市場の規模は大きくなっている。東アジア新興国の現地通貨建て債券市場の状況を Asian Bond Monitor（2014年 3 月号）（ADB（2014a））で見てみると、東アジア新興国の現地通貨建て債券残高は2013年末で7.4兆ドル超、GDP 比56.5％となっており、1996年末（0.53兆ドル）の約14倍にまで拡大している。2013年には、東アジア新興国の現地通貨建て債券残高は年率11.7％増大し（インドネシアは最大の20.1％増大）、国債市場（中銀・財務省証券を中心に7.2％増）、社債市場（将来の金利上昇を予想した発行増により19.7％増）共に増加している。債券残高をみると、国債が61.7％、社債が38.3％となっている。国債の外国人保有比率はインドネシア（32.5％）、マレーシア（29.4％）で高い（図表 3 −17参照）。

　東アジア現地通貨建て債券の満期構成を ADB（2014a）で見ると、国債は

図表3-18 アジア新興国の国債市場の構造問題

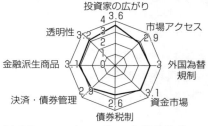

(出所) ADB (2014b) より筆者作成

図表3-19 アジア新興国の社債市場の構造問題

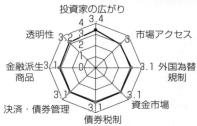

(出所) ADB (2014b) より筆者作成

香港・韓国・タイ・ベトナム以外は中長期債が中心、社債は5-10年債が中心（中国、マレーシア、フィリピン、タイ、ベトナム）となっており、満期構成は中長期化してきている。

アジアの国債・社債市場の課題を「2014 年債券市場流動性サーベイ」（Asian Bond Monitor（2014年11月号）（ADB（2014b））で見てみると、アジア新興国全体では、従来銀行等金融機関の債券保有が多く、国債市場・社債市場共に「投資家の広がり」（Greater Diversity of Investor Profile）が最も重要な構造問題（4点中、国債3.6点、社債3.4点）となっている。ASEAN 各市場で最も重要な構造問題を見ても、「投資家の広がり」が最も多い（インドネシア、マレーシア、タイ、ベトナムの国債・社債市場、フィリピン、シンガポールの国債市場）。その他、社債市場で、シンガポールでは外国為替規制・資金市場・債券税制が、フィリピンでは決済・債券管理が

第3章　ASEANの人口動態と金融資本市場　85

最も重要な構造問題とされる[1]。

各市場の債券保有主体を ADB（2014b）等で見てみよう。

①インドネシア（2014年9月）では、海外投資家（37.3%）が最大で長期債中心に保有が多い。銀行部門の国債保有も多い（35.1%）がそのシェアは減少傾向にある。次に、年金基金の国債保有は、年金カバレッジの低さから未だに小規模に止まっている（3.6%）が、カバレッジの広がりに伴い今後増大の可能性がある。

②マレーシア（2014年6月）では、国債は銀行等の金融機関の保有が36.0%と最大だが、雇用者年金基金等の社会保障機関の保有も27.3%と多い。海外投資家保有は約3割である。社債は銀行保有が太宗であるが（46.8%）、生命保険会社（31.5%）等、機関投資家の保有も多い。

③フィリピン（2014年9月）では国債の最大の保有主体は金融機関（31.6%）だが、契約貯蓄機関（SSS（社会保障制度）、GSIS（公務員保険制度）、住宅ローン掛け金（Pag-ibig）、生命保険）等も28.9%を保有している。

④タイでは、国債（2014年6月）の最大保有主体は契約型貯蓄基金（28.6%）と保険会社（25%）である。社債（2013年9月）の最大保有主体は個人（51%）だが、ミューチュアル・ファンド（11%）や契約型貯蓄基金（8%）の保有割合も増加傾向にある。

このように、ASEAN諸国では、高齢化に伴い、年金基金・契約貯蓄機関の債券保有が今後増大していく可能性が高い。

■ 第5節

ASEANの年金制度と年金資産

I　アジア太平洋の年金制度

ASEAN諸国の年金制度は予想される高齢化に対応しているのであろうか。OECDの"Pensions at a Glance Asia/Pacific 2013"（OECD（2013a））

1　シンガポールは国際金融センターとして外為規制が重要であり、フィリピンの社債市場は国債と異なり売買取極めが不十分なため、重要な課題とされる（ADB（2014b））。

図表 3−20 平均所得者の所得代替率

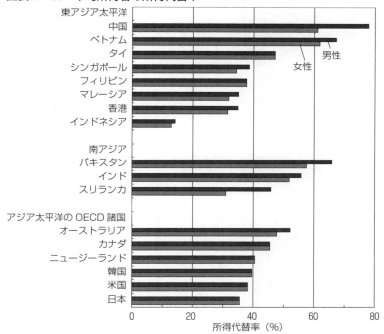

(出所) OECD (2013a)

によれば、「アジアの退職後所得制度は今後20年間の高齢化にうまく対応していない。」そのため、財政的に持続可能で十分な退職後所得を提供するよう年金制度を早急に近代化する必要がある。

アジア太平洋の年金制度は多様である。OECD (2013a) が調査した17カ国・地域中、9カ国が「確定給付」(DB) 年金（フィリピン、タイ、ベトナム、インド、パキスタン、カナダ、日本、韓国、米国）、6カ国が「確定拠出」(DC) 公的年金（中国、インドネシア、マレーシア、シンガポール、インド、スリランカ）、2カ国・地域が確定拠出私的年金（民間が運営）（香港、オーストラリア）（ニュージーランドには強制加入年金はなく、全ての退職者に定率の給付）となっている。

図表 3−20に平均所得者の所得代替率（年金給付/就業時所得）を示した。アジア太平洋の OECD 諸国は40％程度で類似しているが、全 OECD 諸

図表 3 −21　平均退職後年金受給年数（男性：上図、女性：下図）

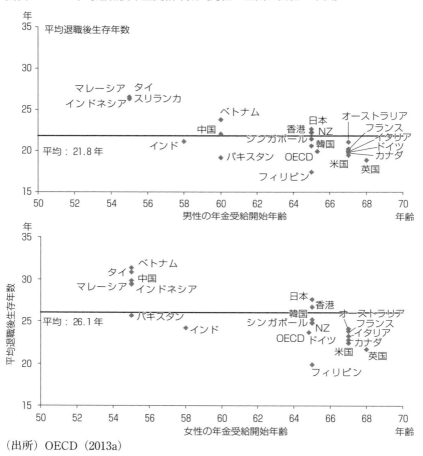

（出所）OECD（2013a）

国（34カ国）の平均54％に比べれば所得代替率は低い。他方、多くのアジア太平洋途上国の男性の所得代替率はOECD諸国より高く、中国・パキスタンの所得代替率は60％以上に上る[2]。

　平均すれば東アジア太平洋の所得代替率は44％、南アジアの所得代替率は

---

[2]　シンガポールでは積立基金の一部のみを退職後所得に割当ているため所得代替率が低いが、住宅・医療等への割当を満額使わないので、実際の退職所得はこれより高い。他方、インドネシアの所得代替率が低い理由は、強制拠出額が少ないためである。

56％で、女性は男性に比べて退職年齢が低いため、所得代替率も低い（他方OECD諸国では男女の退職年齢に差は無い）。

アジア太平洋諸国の年金受給開始年齢と退職年齢にどのような特徴があるのであろうか。OECD諸国の年金受給開始年齢はほぼ65歳である。他方、途上国の年金受給開始年齢は男性が59歳、女性が57歳と低い。これは、OECD諸国に比べて平均寿命が未だに短いためである。

しかし、アジア太平洋諸国の平均退職後生存年数（平均寿命−年金受給開始年齢）（図表3−21）を見ると、OECD諸国で19.9年であるのに対し、途上国では23.0年と長い。途上国の平均寿命は短いが、年金受給開始年齢が男性で6年、女性で7年早いためである。

実際には途上国での公的年金カバレッジの低さにより、年金受給者の平均寿命は一国全体の平均より長いため、退職後生存年数は男性で2年、女性で3年更に長いと考えられる。

アジア太平洋諸国で年金財政は持続可能なのであろうか。年金の長期的コストは、定常状態における必要拠出率（保険料）で見ることができる。図表3−22は定常状態における必要拠出率であり、アジア太平洋では途上国の多くで、年金財政は長期的に持続的でない。たとえば、中国は所得代替率が男

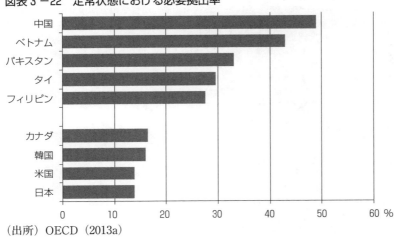

図表3−22　定常状態における必要拠出率

（出所）OECD（2013a）

性78%、女性61％と高く、物価・賃金インデクセーションで年金給付額を調整すると定常状態拠出率は所得の50％近くにもなる。ASEAN諸国を含む他の途上国でも必要拠出率は高い。これは、①高い所得代替率（中国、ベトナム、パキスタン）、②早い年金受給開始年齢、および③物価のみによる調整ではなく賃金・物価インデクセーション（中国・フィリピン）で年金給付を調整していることによる。また配偶者・生存者年金や生産年齢人口の減少を考慮すれば、コストは更に高い。この様に、現在の年金財政や基金は十分ではなく、今後増額は必須となる。

　アジア太平洋の年金制度は近代化が必要である。アジア太平洋途上国の年金制度が国際標準に達していない点として、まず、①最終給与をベースとした確定給付年金であることが挙げられる[3]。また、②中途で給付を受けるため、退職時残高が少ない。定期的な年金受給ではなく一括支払であるため、退職時所得でカバーできる以上の長寿に対しリスクを負う[4]。更に、③年金受給額の生計費調整が裁量的でアドホックであり、高齢者を長期的なインフ

3　所得関連の年金受給に最終給与を用いることは、①受け入れ易いこと、②生涯所得の記録の維持が困難なこと、③インフレの影響を取り込む簡易な手法であることから、国際的に一般的なものとなっている。ASEAN諸国では、ベトナムのみが平均所得基準で、フィリピン、タイは最終所得基準となっている。他方、ほとんどのOECD諸国は生涯平均所得基準に移行している。これは、最終給与基準では、給与がほぼ一定である低所得層から年功により給与が急速に上がる高所得層に所得を再分配することとなり、逆進的となるためである。また、生涯所得で拠出し最終所得で給付を受けることとなれば、低年齢時に所得を過小申告し最終年に給与を増大する強いインセンティブを与えるため、歳入の減少と歳出の増加を招きかねない。更に、ITの進展により記録維持技術は向上し、年金再評価・インデクセーションも可能となっているため、インフレ対策を理由に最終給与基準とする必要は無い。

4　多くのアジア途上国の退職後所得給付は定期的支払ではなく、所謂「年金」ではない。マレーシアでは退職時に一括支払がなされ、インドネシアでは一括支払と5年間の年金、香港にも一括支払のオプションがある。他方、世界の大勢は加入者・遺族の死亡まで定期的に支払う「年金」支払である。これは、死亡年齢が判らない一括給付より年金の方が消費を増大させる効果があるためである。「年金」は過去の貯蓄を使い果たすリスクに対する「長寿保険」と言える。

　しかし、人々は退職時貯蓄を年金化したがらない。その理由の一つは「遺贈動機」である。年金は死亡時に終了となるため、死亡後に資産を家族に残したい遺贈動機があれば一時金を好む。また、医療等の必要時のための流動性を確保する「予備的動機の貯蓄」のためにも年金より一時金を好む。但し上述の通り、ある程度の年金化はリスクをプールし厚生を増加させるため受給者・政府にとって望ましいと言える。

図表3−23 年金カバレッジ

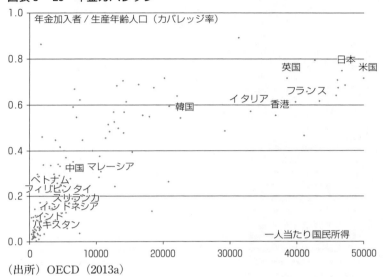

(出所) OECD (2013a)

レ・リスク、貧困リスクに晒すことにもなっている[5]。また、④アジア太平洋諸国では積立金の「早期引き出し」も多い[6]。

最後に、⑤アジア太平洋の途上国では、公的年金のカバレッジが、OECD諸国に比べて相当に低い。これは、アジア太平洋諸国では多くの者が農村で小規模農業を営み貧困の中にあったため、家族による支援のネットワークが一般的で、公的年金の必要性が少なかったためとされる。図表3−23は、一

---

5 生計費・生活水準の変動を年金支払に反映する自動調整メカニズムである「インデクセーション」の不備も課題の一つである。1970年代のオイルショックにより先進国では年金の価値を保全し退職後所得を確保するインデクセーションが導入された。他方、ASEAN諸国では、フィリピンのみが年金の自動調整条項を持ち（物価・賃金による調整）、ベトナムは最低賃金の上昇に合わせて年金調整を行うが、タイでの調整は裁量的である。
6 OECD (2008) によればシンガポールの積立基金は、(a) 退職勘定（50歳で拠出の34.5%を割当；年齢により割当率変動−35歳で15%、50−55歳で25%、55歳以上は0）、(b) 医療勘定（年齢と共に割当率上昇；35歳以下で20%、50〜55歳で30%、55歳以上は更に高率）、(c) 住宅等一般勘定に分けられ、退職勘定のみであれば所得代替率は13%に過ぎない。一般勘定も入れれば所得代替率は82%になるものの、高齢者は一般に家持で「資産」はあるが、高齢期に必需品を購入する「所得」が少ない家計となる。

図表3−24 年金加入者のカバレッジ（生産年齢人口比、労働力人口比）

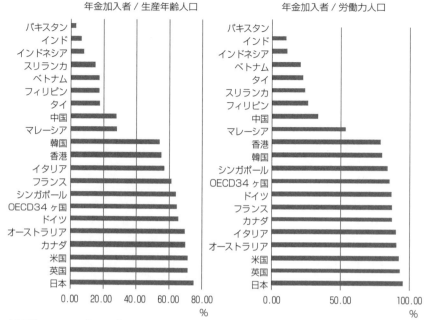

（出所）OECD（2013a）

人当たり所得と公的年金の生産年齢人口カバー率の関係を示したものであるが、所得水準と公的年金制度カバレッジの間に強い相関関係が見られる[7]。

　ASEAN諸国を含むアジア太平洋地域では、早急に、年金財政の持続可能性を脅かす早期退職・給付水準の高さに対処するとともに、適切な年金水準を確保すべく、カバレッジ率の低さ、早期の引き出し、一括支払の問題に対処する必要があろう。

II　ASEAN諸国の年金資産

　では、今後ASEAN諸国の年金資産はどのようになるのであろうか。

---

[7] 他方、国ごとの差も見られ、フィリピン（一人当たり所得2588ドルで17.5％）・ベトナム（同1596ドルで17.3％）では、所得水準に比べカバー率が高いが、タイ（同5474ドルで17.6％）では所得水準に比して低いカバー率となっている。

OECD の Pension Market in Focus（OECD（2013b））によれば、OECD 諸国の年金基金資産の加重平均/GDP 比は2012年で77％と高く、2011年の73.5％から上昇している。他方、非 OECD 諸国36か国の平均は未だに低く、33％となっている。非 OECD で「年金成熟市場」の基準とされる GDP 比20％に達しているのは36カ国中 6 カ国のみである。

　しかし、ASEAN の年金資産規模は今後増大する可能性が高い。年金資産は⑴年金カバレッジの拡大、⑵適切な優遇税制、⑶拠出率の引き上げにより増大する。

　⑴年金カバレッジについては、OECD（2013a）で公的年金加入者のカバレッジ（対労働力人口比）を見ると、インドネシア11％、マレーシア53.5％、フィリピン26.3％、シンガポール84％、タイ22.5％、ベトナム20.7％となっているが、OECD 諸国の平均85.6％と比べて低い。そのためカバレッジ増大の余地は大きい。但し、ASEAN 諸国には多くのインフォーマル・セクター労働者が存在するため、カバレッジの拡大には限界があるという。

　⑵ASEAN 諸国の年金税制は極めて寛容であり、これが年金資産増大の制約とはなっていないと考えられる。すなわち、拠出・貯蓄・引き出し（給付）への課税はフィリピン・タイ・マレーシアではすべて無税（EEE）で、シンガポール・インドネシア・ベトナムでは引き出しのみ課税（EET）される（木原（2008））。

　⑶拠出率は低い国が多い。インドネシアの積立基金の拠出率は5.7％に過ぎないが、2015年 7 月より確定給付の新社会保障年金制度（拠出率 8 ％）を導入予定がある。被雇用者の拠出率は、フィリピンで3.3％、タイで 3 ％、ベトナムで 8 ％といずれも低い。マレーシア（23〜24％）、シンガポール（36％）のように高い拠出率を持つ国もあるが、他の国では拠出率上昇の余地が大きく、今後年金基金は拡大していく可能性が高いと思われる。

　年金資産はどのような金融商品に配分されているのだろうか。OECD（2013b）により2012年末の OECD 諸国の年金基金資産配分を見ると、債券と株式投資が最も重要な年金資産となっており、OECD30か国中13か国で

第 3 章　ASEANの人口動態と金融資本市場　93

80％以上が債券か株に投資されている[8]。現金・預金への投資は比較的少ない。OECD（2013b）によれば、2012年末の非OECD諸国の年金基金資産配分もOECD諸国同様、債券と株式投資が最も重要な年金資産であり、調査した24か国のうち14か国で50％以上の年金資産を「短期・長期債券」に投資している。

　では、債券と株式のどちらに投資するのが、年金基金資産の最適配分と言えるのだろうか。年金資産を主として「株式」に投資すべきか、「債券」に投資すべきかについてのコンセンサスは無い（木原（2008））。株式ベースの投資には、①長期的に短期の価格変動リスクを上回る収益（年金債務の平均満期に対応する長期では株式は債券を上回る収益）を確保できること、②債券より良いインフレ・ヘッジ（将来の期待利益を反映）となること、③配当は永続的なキャッシュ・フローを提供するので、債券よりデュレーションが長いこと等のメリットがある。他方、債券ベースの投資には、①年金債務にマッチングする確実性（年金債務プロファイルは債券債務に類似）があり、②投資リスクを苦慮する必要ないというメリットがある。しかし、年金期間をカバーする35年以上のデュレーションをもつ債券の購入は困難であるため、株式からのシフトは限定的と見られている。事実、Shich and Weth（2006）によれば、G10諸国の長期国債は、年金基金債務のデュレーション・マッチング、キャッシフロー・マッチングを行うには、全体として不足していた。

Ⅲ　ASEAN諸国の年金基金残高と長期債残高

　世界銀行のGlobal Financial Development Database（World Bank（2013））、OECDのFunded Pension Indicators（OECD（2014））により東アジアの年金基金資産残高/GDP比を推計すると、図表3－25のように、マレーシア

8　株式を重視している国は米国（48.9％）、豪（46％）、チリ（41.6％）等であり、OECD平均40.3％に比べ株式投資比率が高い。他方、半数以上の国が50％以上を短期・長期債券（Bills and Bonds）に投資している。これは、固定金利商品による最低保障収益の確保に加え、スペイン等では高利回りが確保できるためである。但し、2012年には債券のシェアが下がり、株のシェアやヘッジファンド等他の投資商品のシェアが上昇した。

図表3-25　東アジアの年金基金資産/GDP比（％）

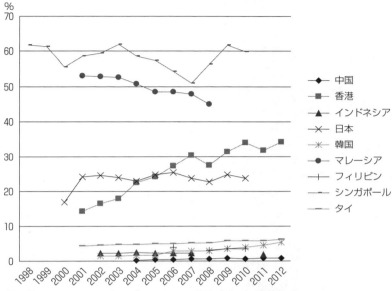

（出所）World Bank（2013）、OECD（2014）より筆者作成

（2008年45％）、シンガポール（2010年60％）、香港（2013年34％）と積立基金・確定拠出が中心の年金制度を持つ国・地域で高くなっている。但しインドネシア、中国ではカバレッジの低さ等から資産残高/GDP比は低い。これに対し、ASEAN諸国の残存10年以上の長期債（国債＋社債）/GDP比をAsian Bonds Online（ADB（2014c））のデータベースより推計すると（図表3-26）、マレーシア（24％）、シンガポール（16％）では年金基金に比べ少なく、債券のみでの年金債務マッチングは困難であることがわかる。年金債務マッチングに適した金融商品の育成が求められる。

　他方、確定給付年金制度が中心のタイ（GDP比は年金基金6％、長期債13％）、フィリピン（GDP比は年金基金3％、長期債14％）では長期債の方が年金基金資産残高を上回っており、年金債務マッチングは長期債だけでも可能な状態にある。

図表3-26 ASEAN諸国の長期債（10年以上）残高/GDP比率

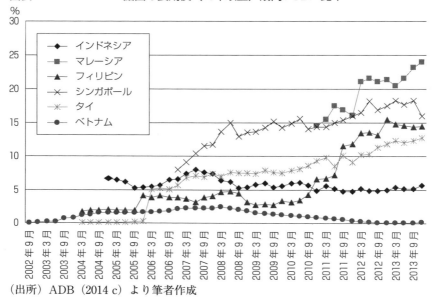

（出所）ADB（2014 c）より筆者作成

Ⅳ 年金資産の金融資本市場への影響

　年金資産の増大は金融資本市場の進展を促すものであろうか。近年の実証分析では年金資産が金融資本市場に正の影響を与えるとの結果が出ている。

　Yuwei Hu（2012）は、パネル誤差修正モデルを用いて、アジア太平洋10カ国・地域、2001～10年までのパネルデータにより、10カ国全体と先進経済（オーストラリア、香港、韓国、シンガポール、NZ）、低開発経済（中国、インド、マレーシア、パキスタン、タイ）に分けて、年金基金の増大と金融資本市場の進展との短期的・長期的な関係を推定した（図表3-27参照）。

　Hu（2012）の推定結果によれば、年金基金資産/GDP比の増大は、

　(1)銀行市場については、機関投資家からの競争圧力により、預金/（預金＋中央銀行資産）比に対して短期・長期の負の影響を与えるとともに、低開発国の金利収入率（金利マージン）を減少させる。

　(2)株式市場については、全体及び低開発国の株価総額/GDP比に長期的な正の影響を与え、株式取引額に短期的な正の効果を持つ。株式回転率に対

図表 3 −27　年金資産の金融資本市場への短期的・長期的影響（誤差修正モデルによる推定）

（「短期的」の欄は Dlog（年金基金資産 /GDP）の係数、「長期的」の欄は log（年金基金資産 /GDP）の係数を示す。*は10%、**は 5 %、***は 1 %の有意水準を表す）

市場	被説明変数	短期的 Dlog（年金基金資産 / GDP）の係数			長期的 log（年金基金資産 / GDP）の係数		
	サンプル	全10か国	先進経済	低開発経済	全10か国	先進経済	低開発経済
銀行	預金銀行資産／（預金＋中央銀行資産）	− 0.017***	− 0.004	− 0.053**	− 0.381***	− 0.459	− 0.360*
	金利収入／利付資産（金利マージン）	0.261**	0.224	− 0.259	− 0.157	− 0.267	− 0.485***
株式	株価総額 /GDP 比	0.304	0.168	0.676*	0.159*	− 0.066	0.692***
	株式取引高 /GDP 比	0.543**	0.121	1.328**	− 0.006	− 0.043	0.520*
	株式回転率 /GDP 比	0.132	− 0.095	0.481	− 0.274**	− 0.374**	− 0.390**
債券	公債残高 /GDP 比	0.040	0.038	0.123*	0.039	0.128*	− 0.068
	社債残高 /GDP 比	0.064*	0.002	0.277	0.041*	0.406***	0.196**

（出所）Hu（2012）より筆者作成

しては、市場効率を改善し総じて長期的な負の効果を持つ。これは、年金基金資産の増大が、短期的な投機の減少を通じ、株式市場に安定化効果をもたらすことを示している。このように、全体として、年金資産の増大は株式市場の進展に対し、正の効果を持つ。

　(3)債券市場については、全10か国の公債残高 /GDP に対しては有意な影響を持たない。先進経済については長期的な正の影響、低開発経済については短期的な正の影響を持つのみである。他方、社債残高 /GDP に対しては、年金資産の増大が社債発行増大の余地を生み、全10か国・先進経済・低開発経済いずれに対しても長期的に有意な正の影響を持つ。

　総じて言えば、年金資産の増大は、金利マージンの縮減、株価総額の増大、社債発行の増大等、金融資本市場の発展に正の影響を与える。このことから、政策当局は年金資産増大に向けた年金改革を継続すべきであると言える。

Ⅴ　年金資産の一人当たり成長率への影響

　年金資産の増加による金融市場の発展は、経済成長に正の影響を与える。Davis and Hu（2004）は年金資産をマクロ生産関数のシフト要因とするモデルを用いて、OECD及び新興国38か国、1960～2002年のパネルデータを用いてダイナミックOLS等の手法で労働者一人当たり所得成長率を推定し、年金資産/GDP比が一人当たり成長率に正の頑健な影響を与えているとの結果を得ている。年金資産の成長促進効果は新興国の方が大きい。

　本稿では、World Bank（2013）及びOECD（2014）のデータベースを用い、年金資産/GDP比のデータが取れる先進国・途上国を含む88ヶ国について、1992年から2012年までの21年間のパネルデータにより、年金資産/GDP比の一人当たり実質GDP成長率への影響を推定した。推定手法は被説明変数の内生性を考慮して、説明変数の1期ラグ値を操作変数とする二段階最小二乗法とし、Wu-Hausman検定に従い国別固定効果モデルで推定した。その他の変数は世界銀行のWorld Development Indicators Online（World Bank（2014））のデータを用いた。

　推定結果は図表3－28のとおりであり、様々な定式の下で、年金資産/GDP比の対数値が一人当たり実質GDP成長率に対して正の有意な効果を与えていることが確認された。係数推定値はほぼ1であり、たとえば年金資産/GDP比が10％から20％に上昇すれば、年率0.7％程度一人当たり成長率を引き上げることになる（$1 \times (\text{Ln}20. - \text{Ln}10) = 0.693$）。金融市場を効率化し安定的な経済成長を達成するためにも、年金資産市場の育成が必要と言えよう。

■第6節

結語

　本稿ではASEAN諸国の人口動態がマクロ経済・金融資本市場に与える影響を分析しかきた。これまでの議論を総括すると以下の通りとなる。

　⑴ASEANの人口構成は、他の東アジア同様に今後、急速に高齢化して

図表 3 −28　年金資産 /GDP 比の一人当たり GDP 成長率に対する影響

被説明変数：一人当たり実質 GDP 成長率（％）

（括弧内は t 値。*、**、***はそれぞれ10％・5％・1％水準で有意であることを示す）

説明変数	定式1	定式2	定式3	定式4	定式5	定式6	定式7	定式8
定数	63.670*** (9.18)	58.819*** (9.00)	87.045*** (4.42)	47.516*** (4.81)	85.577*** (4.58)	43.997*** (4.57)	52.976** (2.34)	55.403**
Ln(一人当たりGDP(一期ラグ))	-4.787*** (-8.99)	-4.776*** (-9.14)	-5.793*** (-8.74)	-4.871*** (-9.33)	-5.708*** (-8.92)	-4.829*** (-9.61)	-5.911*** (-9.47)	-5.784*** (-9.64)
Ln(粗固定資本形成/GDP(%))		2.283 (1.57)			2.170 (1.15)	2.806** (2.02)		2.600 (1.50)
Ln(中等教育総就学率(%))			-2.822 (-0.85)		-3.422 (-1.03)		-1.339 (-0.42)	-2.136 (-0.66)
Ln(貿易/GDP(%))				3.220** (2.18)		2.838** (2.02)	5.260*** (2.90)	4.479** (2.56)
Ln(人口増加率+技術進歩率+資本減耗率)	-10.847*** (-3.31)	-12.176*** (-3.41)	-12.189*** (-2.85)	-8.893*** (-2.73)	-14.166*** (-2.89)	-11.117*** (-3.16)	-8.426** (-1.98)	-11.174** (-2.26)
Ln(年金資産/GDP)	0.836** (2.19)	0.900** (2.38)	1.438*** (2.79)	0.606 (1.53)	1.533*** (3.02)	0.675* (1.75)	0.982* (1.86)	1.094** (-2.26)
修正済み R^2	0.240	0.285	0.228	0.293	0.274	0.340	0.321	0.362
国数/サンプル数	81/751	78/741	71/603	79/742	69/597	78/741	69/597	69/597

いく。高齢化は、成長・貯蓄・金融資本市場に負の影響を与えかねない。

(2) ASEAN の金融資本市場は未だに成熟していない。各国で金融深化・アクセス・効率・安定性に異なる課題がある。債券市場は ABMI 等の努力で拡大したが、投資家の広がり等に未だに課題がある。

(3)高齢化する ASEAN 諸国の年金制度（退職後所得制度）は、カバレッジの低さ、事前引き出しの多さ、年金ではない一括給付制度、生計費変動に対する調整の不備等、未だに不十分である。高齢化が進展する前に早急な対応が必要となっている。

(4)今後の年金制度の充実とともに、年金資産の増大が期待される。特に、

公的年金制度のカバレッジの低さ、拠出率の低さから今後年金資産が増大する可能性が大きい。他方、年金資産のデュレーション／キャッシュ・マッチングに対応できるだけの長期債券が存在していない国も存在している。

(5)近年の研究で、アジア太平洋諸国の年金資産の増大が、金利マージンの縮小、株価総額の増大、社債発行の増大等、金融資本市場に正の影響を与えるとの実証結果が出ている。また、年金資産の増大は、金融資本市場の効率化を通じ、一人当たり成長率にも正の有意な影響を与える。年金資産増大に向けた年金制度の充実は、高齢化対策のみならず、ASEAN諸国の金融資本市場の発展や安定的な一人当たりGDPの成長にとっても重要な施策となろう。

高齢化するASEAN諸国には、急激な人口動態の変動に対応した制度と市場の整備が求められている。

＜参考文献＞
・ADB（2013）*Asian Bond Monitor*（*November 2013 version*），Asian Development Bank
・ADB（2014a）*Asian Bond Monitor*（*March 2014 version*），Asian Development Bank
・ADB（2014b）*Asian Bond Monitor*（*November 2014 version*），Asian Development Bank
・ADB（2014c）*Asian Bonds Online*, Asian Development Bank
Bessho, Shun-ichiro and Takashi Kihara（2006）"*Policy Responses and Regional Cooperation in Aging East Asia: An Introduction*" *International Conference on Aging East Asia – Regional Cooperation and Policy Responses*,, MOF/Japan and ADBI
・Bloom, David E. and David Canning（2004）"*Global Demographic Change: Dimensions and economic significance*" *NBER Working Paper Series* 10817
・Bosworth, Barry P. and Gabriel Chodorow-Reich（2007）"*Saving and Demographic Change: The Global Dimension*" Center for Retirement Re-

search at Boston University

- Cihak, Martin, Asli Demirguc-Kunt, Erik Feyen, Ross Levine (2012) *"Benchmarking Financial Systems around the World"* Policy Research Working Paper 6175, World Bank
- David, E Philip and Yuwei Hu (2004) *"Is there a Link Between Pension-Fund Assets and Economic Growth? – A Cross-Country Study"* Pension Institute Discussion Paper PI-0502
- Hu, Yuwei (2012) *"Growth of Asian Pension Assets: Implications for Financial and Capital Markets"* ADBI Working Paper Series No.360, Asian Development Bank Institute
- IMF (2004) *"How will Demographic Change Affect the Global Economy?" World Economic Outlook*, Chapter III, 173-180
- OECD (2008) *"Pensions in Asia/Pacific: Ageing Asia must face its pension problem"* OECD
- OECD (2013a) *"Pensions at a Glance Asia/Pacific 2013"* OECD
- OECD (2013b) *"Pension Market in Focus"* OECD
- OECD (2014) *Funded Pension Indicators,* OECD
- Shich, Sebastian and Mark Weth (2006) *"Pension Fund Demand for High-Quality Long-term Bonds: Quantifying Potential "Scarcity" of Suitable Investment" Financial Market Trends*, No.90, April 2006, OECD
- United Nations (2013) *World Population Prospects:2012 Revision* (国連人口推計（（2012年版）)
- World Bank (2013) *Global Financial Development Database* (*November 2013 version*)
- World Bank (2014) *World Development Indicators Online*
- 木原隆司 (2007a)「高齢化する東アジア―成長・貯蓄・金融市場への影響」『経済学研究』第74巻第3号　九州大学経済学会
- 木原隆司 (2007b)「高齢化・成長・金融市場―東アジアの政策課題」財務省財務総合政策研究所 Discussion Paper Series 07A-10
- 木原隆司 (2008)『高齢化する東アジアの金融市場育成と社会保障整備―

知的支援の可能性』JICA（国際協力機構）客員研究員報告書、国際協力
機構
・木原隆司（2010a）「アジアの高齢化問題と金融・資本市場」川村雄介監修
『アジア証券市場とグローバル金融危機』きんざい
・木原隆司（2010b）『援助ドナーの経済学―情けはひとのためならず』日
本評論社

第 **4** 章

日本取引所グループのアジア戦略

■ 第1節
日本取引所グループの誕生

Ⅰ　経緯

　日本取引所グループ（JPX）は2013年1月に東京証券取引所グループ（現東京証券取引所、東証）と大阪証券取引所（現大阪取引所、大証）との経営統合により誕生した持ち株会社である。

　東証の前身となる東京株式取引所と大証の前身となる大阪株式取引所はともに1878年（明治11年）の創立以降、それぞれ東日本及び西日本の経済発展の礎を担い、我が国が近代社会に移行するにあたり重要な役割を果たしてきた。第二次世界大戦後は、1949年（昭和24年）にそれぞれ再開され、日本の戦後復興及び高度経済成長期を経て、これまで我が国資本市場の中心として機能してきた。

　東証は，市場運営会社である株式会社東京証券取引所のほか、東京証券取引所自主規制法人、株式会社日本証券クリアリング機構等からなる金融商品取引所持株会社であり、取引所金融商品市場の開設・運営を主な事業内容としてきた。大きく株券やETF現物市場と、TOPIX先物取引を中心とする指数先物や国債先物、オプション取引を行うデリバティブ市場があり、上場、売買、清算・決済から情報サービスの提供に至るまでの幅広い取引所ビジネスを展開してきた。

　一方の大証は、金融商品取引所及び金融商品取引清算機関であり、株価指数先物・オプション取引を始めとするデリバティブ取引及び市場第一部・第二部、JASDAQ及び上場投資信託受益証券（ETF）等を始めとする有価証券の売買を行ってきた。その中でも，日経平均株価先物取引、日経225mini及び日経平均株価オプション取引は、我が国を代表するデリバティブ商品であり、これらを中核としたデリバティブ取引に係る業務に強みを発揮してきた。

Ⅱ 目的

　東証及び大証を取り巻く環境は、情報通信技術の急速な発達に伴う金融取引システムの発展により、企業や投資家が世界のマーケットの中で最も投資環境の良い取引市場を選択して資金調達や投資活動を行うことが可能となったことで、国境を越えた取引所間での競争が激化している状況にある。

　また、金融取引システムの発展と共に、投資家のニーズの複雑化・高度化が進んでおり、取引所間競争においては、当該ニーズに耐え得るシステムの構築とその安定性・処理性能等の向上が優位性確保に大きな影響を及ぼす状況も生じていた。

　さらに、こうした環境を背景として、海外では国内の取引所同士及び国境を越えた取引所同士の合従連衡の動きが進んでおり、日本の取引所がグローバルな取引所間競争においてプレーヤーとして生き残るためには、規模の拡大、取扱い金融商品の多様化及びコスト削減等による競争力の強化を通じて、流動性の高い効率的な市場を確立し、投資家及び企業の利便性を向上させることが不可欠となっている。

　両社は、このような外部環境について共通の危機意識を持ち、競争力強化

図表4－1　日本取引所グループの誕生

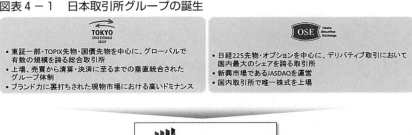

第4章　日本取引所グループのアジア戦略　　105

等のための方策を検討し、互いに現物市場とデリバティブ市場という異なる得意分野を持ち、補完関係が成立する両社が経営統合を行い、システム統合等を推進することで両社にとって大きなシナジー効果が得られるとの認識で一致した。また、経営統合により、国際的な金融センターとしてのプレゼンス向上が図られることは、市場利用者にとっても利便性向上等による多大なメリットを創出し、さらには日本経済の再生に向けた金融資本市場全体の競争力強化に資するものと判断するに至った。

Ⅲ　組織図

　JPX は、その傘下に主に4つの子会社を有する持ち株会社となっている。すなわち株物取引市場を開設・運営する東証、デリバティブ市場を開設・運営する大証、市場の自主規制機能を有する日本取引所自主規制法人、そして清算機関である日本証券クリアリング機構である。

　市場、清算、及び自主規制という機能を各社に分離、独立して運営することにより、JPX 発足前までは、東証と大証とで重複していた機能を統合することとした。これにより、証券会社や銀行により構成される取引参加者、すなわち市場の利用者の業務上、及び財務面の負担軽減を図ることを目指している。

■ 第2節
市場機能の統合

Ⅰ　統合マイルストーン

　JPX の誕生後は、2013年7月及び2014年3月の2つのマイルストーンをおき、組織の統合を実施した。第一段階として、東証及び大証の現物市場の機能統合、第二段階として、同じく両市場のデリバティブ市場の機能統合を実施した。

Ⅱ 現物取引の統合 (2013年7月)

　現物取引の統合は2013年1月のJPX誕生から約半年後となる2013年7月16日に実施した。東証及び大証のそれぞれの現物市場を東証に集約することとし、この結果誕生した東証の現物市場は市場第一部、同二部、マザーズ、JASDAQ、TOKYO PRO Marketで構成することとした。また、この市場統合と同時に売買システムについては、東証の取引システム（arrowhead）に統合した。

　現物市場の集約と同時にデリバティブを含めた自主規制機能を東証自主規制法人（現日本取引所自主規制法人）に集約した。さらに清算機能についても、大証が行っていたデリバティブ取引に関する清算業務を日本証券クリアリング機構に集約することとした。なお、大証での現物取引の清算業務はJPX発足前から日本証券クリアリング機構に集約されていた。

Ⅲ デリバティブ市場の統合

　現物市場の統合（2013年7月16日）から半年となる2014年3月24日にデリバティブ市場の統合を実施した。こちらは、現物市場の統合とは反対、つまり東証及び大証のデリバティブ市場を大証に集約し、取引システムについても大証のJ-GATEに統合することとした。これにより、従来から大証で取引されていた日経225関連の商品に加えて、TOPIXや（日本）国債関連の

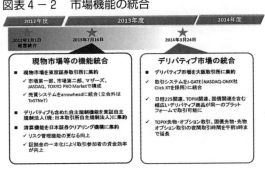

図表4-2　市場機能の統合

商品など幅広い標品が同一の売買システムで取引可能となった。

また、このデリバティブ市場の統合とタイミングをあわせて、TOPIX先物・オプション、国債先物・先物オプションの夜間取引を延長し、午前3時まで延長することとし、欧米を含めた海外の投資家からの市場アクセスの向上を目指すこととした。

第3節 国際競争における JPX のポジション

前述の通り誕生した JPX の国際的な位置づけを確認することとしたい。

I　現物市場①：売買代金推移、上場企業時価総額推移（2005〜2014）

現物市場のうち、売買代金（図表4－3）と上場企業時価総額（図表4－

図表4－3　売買代金推移（2005年〜2014年）

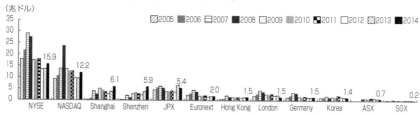

（出所：World Federation of Exchanges）

図表4－4　上場企業の時価総額の推移（2005年〜2014年）

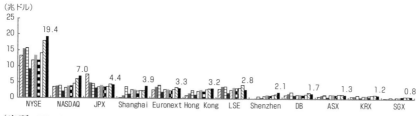

（出所：World Federation of Exchanges）

4）の推移を確認する。売買代金については、米国 NYSE、Nasdaq、中国の上海、深圳両証券取引所に次いで世界第 5 位、アジアで第 3 位となっている。更に韓国取引所（KRX）と香港取引所（HKEX）が10位圏内に迫るなどアジア域内の競争が非常に激しくなっている。

上場企業時価総額推移については、JPX は米国の二取引所に次いで第 3 位の規模を占めるものの、上海取引所と香港証取の追い上げも激しい。

Ⅱ 現物市場②：日本における IPO 推移、世界における IPO 推移、資金調達額

図表 4 − 5 は日本における IPO 推移を示したものである。2008年のリーマンショック以降、低迷していた我が国の IPO 市場も徐々に回復していることがわかる。

一方で世界における IPO（図表 4 − 6）をみると、日本は米国、中国、英国に続く第 4 位となっている。

2014年の各取引所別の IPO 調達額（図表 4 − 7）では、オーストラリア証取（ASX）の台頭などを受けて東証は世界第 7 位に止まった。

図表 4 − 5　日本における IPO 推移（2006年～2014年）

（出所：東京証券取引所）

図表4－6　世界におけるIPO推移（2014年）

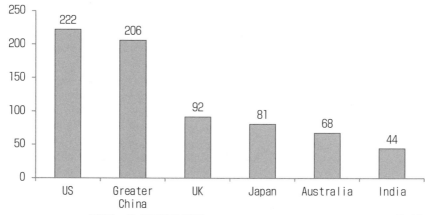

（出所：東京証券取引所、EY Global IPO Trends 2014 Q4から作成）

図表4－7　IPOによる資金調達額（2014年）

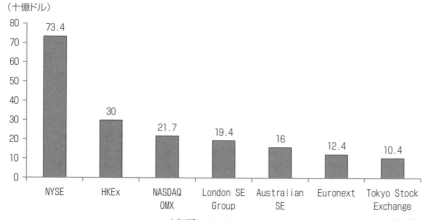

（出所：EY Global IPO Trends 2014 Q4から作成）

III　派生商品市場①：デリバティブ取引高推移（2010～2013）、取引所ランキング（2013）

　図表4－8は世界におけるデリバティブ取引高の推移を示したものである。JPXの順位は全体の14位に止まっており、現物に比べてデリバティブ市場におけるJPXの地位は低い。アジア域内に限っても7位であり（図表

図表 4 – 8　デリバティブ取引高（2010年～2013年）

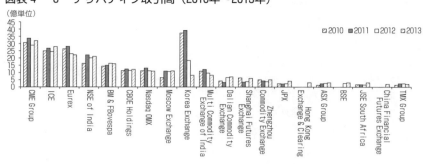

図表 4 – 9　アジアでのデリバティブ取引高ランキング（2013年）

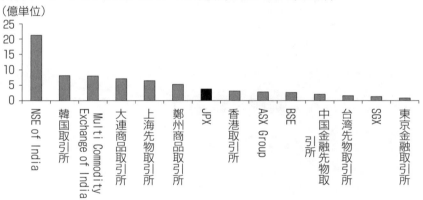

4 – 9）、韓国取引所（KRX）やインド・ナショナル取引所（NSE）に相当の差をつけられており、現時点では有力なプレーヤーとは言い難い。

IV　派生商品市場②：上場商品ラインナップ比較

　図表4 – 10は世界の主要なデリバティブ取引所における上場商品のラインナップを比較したものである。世界の取引所においては、株式や債券といった金融デリバティブに加えて、外為、コモディティなど金融以外の商品が標準的に上場され、取引高に占める割合も高いことがわかる。

　JPXではこれまでコモディティ商品を扱っておらず、外国為替証拠金取

図表 4 −10　世界の主要なデリバティブ取引所の商品ラインナップ

取引所	株式	債券	金利	外為	コモディティ	取引高にコモディティが占める割合
CME Group	○	○	○	○	○	24.7%
ICE	○	○	○	○	○	14.5%
(このイメージは、現在表示できません)	○	○	○	−	○	0.0%
SGX	○	○	○	−	○	0.3%
HKEX	○	−	○	○	○	56.8%
KRX	○	○	○	○	○	0.0%
JPX	○	○	○	○	−	−

引である「大証FX」は2014年10月を以て休止している。

　我が国でも2012年9月には、金融庁の一元的な規制・監督下での「総合的な取引所」実現に向けた改正金商法が成立しており、JPXとしてもコモディティ市場進出に向けた道筋をつけたいと考えている。

第4節　アジアの経済ポテンシャル

　JPXのアジア戦略について考えるにあたり、アジア経済のポテンシャルを確認したい。

　まずアジア経済が世界経済に果たす役割が今後飛躍的に伸びる可能性を指摘できよう。2000年に世界GDPに占めるアジア地域のGDPは25.4%であ

図表 4 −11　各地域の世界GDPに占めるシェア

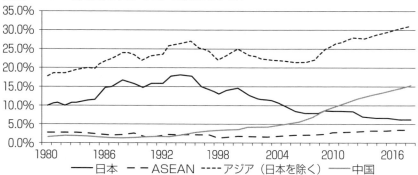

図表 4 −12　アジア各国の世界 GDP に占めるシェア

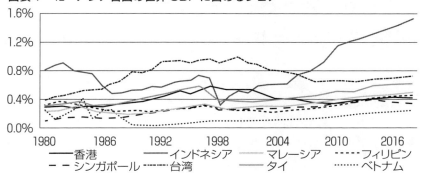

図表 4 −13　ASEAN 諸国の 1 人あたり GDP（2013年）と日本の過去推移

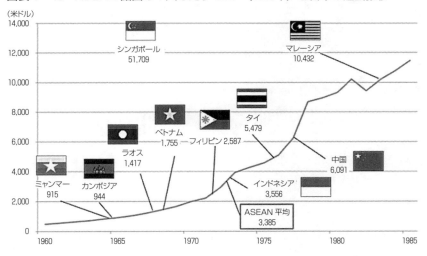

ったが、2018年には30％、2050年には50％まで向上するとの予想も存在する（図表 4 −11）。世界において最も安定的にかつ高い経済成長が見込めるアジア地域に、世界経済の中心が遷移するとの見方が大勢である。

　2015年の ASEAN 経済共同体の構築に向けた準備が進行しており、域内の経済統合、政治的統合がもたらす生産効率性は、予想以上に ASEAN 地域の世界でのプレゼンスを押し上げるとの見方もある。

■ 第5節
産業構造の変化と金融資本市場の発展

　図表4-14では、各国の第二次産業の比率と上場企業の時価総額の対GDP比率を比較している。マレーシア、タイ、フィリピン、インドネシアでは継続的な金融資本市場の整備により、上場企業の時価総額の対GDP比率が向上するとともに、第二次産業比率も30%から40%台まで上昇していることがわかる。

　一方で、アジアでも2000年以降に資本市場整備に着手した国（ベトナム、ラオス、カンボジア、ミャンマー）において、明確な産業構造の変化がみられるのはベトナムのみであり、上場企業の時価総額も対GDP比率では極めて小さい。今後第二次産業への転換や更なる経済発展のためには、資本市場整備による金融機能の発達が期待されよう。

■ 第6節
アジアの人口増加とSWF・年金資産の拡大

　高い成長率を背景とした所得増加と人口増加により、アジアにも巨大な中間所得層が誕生しつつある。シンガポール、マレーシアでは高度の経済成長から持続的に安定した成長に移行しており、高齢化への本格的な対策も求め

図表4-14　アジア諸国における第2次産業比率と資本市場時価総額

	第2次産業比率	時価総額対GDP比		第2次産業比率	時価総額対GDP比		第2次産業比率	時価総額対GDP比
	27%	75.1%		41%	156.7%		40%	24.4%
	7%	1,132.5%		38%	94.1%		28%	10.8%
	27%	261.1%		32%	81.0%		24%	0.8%
	40%	105.3%		47%	37.3%		24%	－

（出所）UN，WFE

図表 4 −15　アジア人口ボーナスと人口動態

	人口ボーナス	1 人あたり 名目 GDP（ドル）	
	始点〜終点	1990年	2018年
中国	1965年〜2010年	796	16,232
タイ	1970年〜2015年	2,910	14,636
ベトナム	1970年〜2015年	658	5,090
マレーシア	1965年〜2020年	4,799	23,324
ミャンマー	1965年〜2030年	−	2,076
インドネシア	1970年〜2030年	1,543	7,487
インド	1965年〜2040年	833	5,834
カンボジア	1965年〜2045年	562	3,886
ラオス	1995年〜2045年	688	4,896
フィリピン	1965年〜2050年	1,873	6,133

図表 4 −16　アジアの主な SWF・年金基金

	規模 （億ドル）	名称	年平均 成長率＊
シンガポール	5,933	・Government of Singapore Investment Corporation（SWF） ・Central Provident Fund（年金） ・Tamasek Holdings（SWF）	33.7% 15.4% 3.0%
中国	4,482	・China Investment Corporation（SWF） ・National Council for Social Security Fund（SWF） ・National Social Security（年金）	31.2% 5.4% 16.0%
マレーシア	2,387	・Employees Provident Fund（年金） ・Khazanah Nasional（SWF） ・Retirement Fund-KWAP（年金）	17.3% 0.8% 15.6%
日本	12,857	・年金積立金管理運用独立行政法人（GPIF）（年金）	6.1%
インド	681	・Employees' Provident（年金）	10.8%
タイ	185	・Government Pension（年金）	11.4%
フィリピン	168	・Government Service Insurance（年金）	23.7%
ベトナム	25	・State Capital Investment Corporation（SWF）	5.8%

＊SWF 及び GPIF は2011年〜2012年、年金は2009年〜2012年における成長率。
（出所）UN，World Population Prospects，IMF，Institutional Investor，Towers

られよう。

　香港、中国、シンガポールでは、人口ボーナスの終了を迎え、社会保障制度の充実が求められるなかで、我が国のGPIF（年金積立金管理運用独立行政法人）などと同様、年金基金やソブリン・ウエルス・ファンド（SWF）が蓄積され、今後はその運用も一段と高度化し活発になると見込まれる。

　フィリピン、インドネシア、ラオス、カンボジアでは、今後15年から30年間、人口ボーナス期が継続すると見込まれ、今後5年間のGDPも年7％前後の高い成長を続けると予想されている。

　現状、運用対象としては依然として相対的に高い成長率にある国内市場を反映し、いわゆるホームカントリーバイアスも見られるが、今後はアセットアロケーションの変更とその運用の多様化が図られるはずである。

　我が国資本市場としては、こうした変化を確実に取り組めるよう、年金基金などアジアの機関投資家の投資行動の変化に応じて、投資商品の拡大や市場へのアクセスを含め、積極的に情報発信を行う必要があろう。

■ 第7節
アジアにおけるインフラ投資ニーズの拡大

　アジア各国の経済成長が今後第二次産業化を経ていくとすると、そのための産業設備資金や、ハイウェイなどの物流産業インフラ、更には電力など産業にも生活にも必要となるインフラ整備に向けた資金需要が存在することは明らかである。

　アジア開発銀行調査によると、2010年から2020年までのアジア・オセアニアにおけるインフラの必要整備額は8.2兆ドルと言われ、そのうち5.5兆ドルが東アジア・東南アジアにおいて必要とされると見込まれている。この膨大な資金需要を東アジア・東南アジア各国の資金のみで賄うことは困難であると予想され、特に日本からの資金供給が期待される。

図表4−17 世界と東アジアのインフラ・プロジェクトへの民間投資額の推移
(十億ドル)

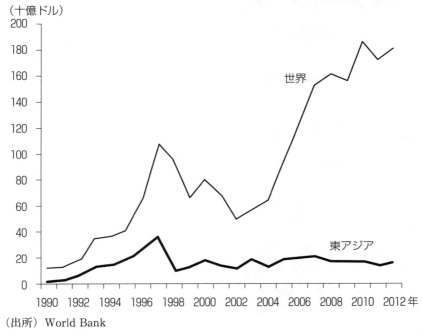

(出所) World Bank

図表4−18 アジアのインフラ必要整備額（2010年から2020年までに必要とされる額）

セクター	東アジア・東南アジア	南アジア	中央アジア	大洋州	合　計
電　　力	3,182.46	653.67	167.16	−	4,003.29
運　　輸	1,593.87	1,196.12	104.48	4.41	2,898.87
通　　信	524.75	435.62	78.62	1.11	1,040.10
水道・公衆衛生	171.25	85.09	23.40	0.51	280.24
合　　計	5,472.33	2,370.50	373.66	6.02	8,222.50

(出所) B. Bhattacharyay. (2010) Estimating Demand for Infrastructure in Energy, Transport, Telecommunications, and Water and Sanitation in Asia and the Pacific: 2010-2020. ADBI Working paper No.248. Tokyo: Asian Development Bank Institute.

■第8節

諸外国取引所のアジア戦略

JPXのアジア戦略へ進む前に諸外国の取引所のアジア戦略を概観したい。

I アジア戦略①

・システム提供／インフラ／市場活性化支援

韓国取引所（KRX）は、自社の取引システムを提供し、ラオス及びカンボジア両国の証券取引所設立を支援している。更にマレーシアやベトナムに対しても、自社の取引システムの導入を行うなどアジアの証券取引所に積極的にシステム提供を行っている。

・M&A等

M&Aにおいては、香港取引所が2012年にロンドン金属取引所（LME）を買収したことが特筆される。買収額13億8,800万ポンドと言われる買収金額に加え、それまで現物中心の証券取引所であった香港取引所がコモディテ

図表4-19　各国取引所のアジア戦略（システム提供等）

■ システム / インフラ / 市場活性化支援

取引所	対象国	内容
KRX		ラオス・カンボジア両証券取引所開設支援
		マレーシア債券取引所へ取引システム納入
		ベトナムの2取引所へ株式取引システム・市場監視システム納入
CME Group		フィリピン証券取引所へ適時開示システム納入
		インドネシアにおけるコモデイテイ取引拡大支援
NASDAQ		フィリピン債券取引所へ市場監視システム納入
SET		カンボジアにおける資本市場発展支援

■ M&A等

取引所		内容
HKEx →	LONDON METAL EXCHANGE	香港取引所によるLMEの買収
Ice →	SMX	Iceによるシンガポールマーカンタイル取引所及びその清算機関の買収
CME Group →	BURSA MALAYSIA	CMEによるマレーシア取引所への25%出資

118

ィ分野への本格的な進出を果たしている。また、米国・インターコンチネンタル取引所（ICE）がシンガポールマーカンタイル取引所（SMX）を買収し、シカゴマーカンタイル取引所（CME）がマレーシア取引所（ブルサ・マレーシア）のデリバティブ部門に25％の出資を行うなど米国の取引所もアジアのコモディティ分野で確実に地歩を築いている。

Ⅱ　アジア戦略②

・商品開発・商品提携

　上場商品戦略は、証券取引所の経営における重要な柱の一つである。グローバルな活動を行っている市場参加者により多くの商品提供を行う必要を考えれば、全てを「自前」で対応するのではなく、他の取引所の提携を通じて海外商品の提供を受けつつ商品ラインナップを拡充することも求められる。また、直接的な商品の提供には至らずとも、提携先のノウハウ提供を受けつつ、自市場には上場していない商品を「開発」していくことも重要な提携内容となろう。

　こうした意味では、香港取引所とシンガポール取引所（SGX）が締結した包括提携において、人民元建て商品の開発について合意している点がポイントとなるだろう。人民元建て商品については、台湾証券取引所においても、商品開発の施策として掲げられている。中国との貿易額が増加し、オフショアでの人民元の蓄積が増すなかで、中国政府及び各国市場関係者との間でオフショア人民元市場の整備が急速に進められている。市場としての国際競争力を高められると期待する各国市場関係者と人民元の国際化を目指す中国側の思惑が合致した格好である。

・相互取引／重複上場

　オフショア人民元市場として言わば「別格」の地位と実績を有するのが、香港市場と言えよう。香港取引所と上海証券取引所は、2014年11月17日から株式の相互取引（「滬港通」）を開始させている。

　またシカゴマーカンタイル取引所（CME）とマレーシア取引所（ブルサ・マレーシア）との間では、マレーシア取引所に上場しているパーム油先物を

第4章　日本取引所グループのアジア戦略　119

図表4－20　各国取引所のアジア戦略（商品開発等）

■ 商品開発／商品提携

取引所	提携取引所	内容
(HKEx)	SGX	シンガポール取引所との包括提携（共同商品開発等）
		香港取引所における人民元建て商品の拡充
(TAIWAN)		台湾証券取引所における人民元建て商品の拡充
Eurex	TAIFEX	台湾先物取引所におけるデリバティブ商品協力
SGX	大連商品取引所	大連商品取引所との新しいデリバティブ商品の共同開発
BURSA MALAYSIA	-	マレーシア取引所におけるシャリアETFの上場

■ 相互取引／重複上場

取引所	提携取引所／対象国	内容
(HKEx)	上海証券交易所	香港取引所／上海証券取引所間の相互取引
SGX	TAIWAN	シンガポール取引所／台湾証券取引所間の相互取引の検討
	(韓国)	シンガポール取引所における韓国企業GDRの上場
	(マレーシア・タイ)	リンギット及びバーツのノンデリバブル金利スワップのクリアリング
	(フィリピン)	シンガポール取引所におけるフィリピン指数先物の上場
CME Group	BURSA MALAYSIA	CMEにおけるパーム油先物上場
	KRX	CMEにおけるKOSPI200先物上場
Eurex	KRX	EurexにおけるKOSPI200オプション上場
	TAIFEX	EurexにおけるTAIFEX先物／オプション上場及びオフショア人民元先物取引の検討

CMEに重複上場する形で商品市場に関する連携が行われている。また
CMEでは、韓国取引所（KRX）に上場されているKOSPI200先物も重複上
場されている。アジア市場と米国市場においてはタイムゾーンの違いから、
提供側からすると流動性が提供先に奪われる可能性よりも、異なるタイムゾ
ーンに存在する潜在的な投資家の流動性に期待した結果と言えよう。

■ 第9節

JPXのアジア戦略

　JPXは、2013年3月末に第一期の中期経営計画を策定した。この中期経
営計画は、「『アジア地域で最も選ばれる取引所』の実現に向けた3か年計
画」と位置づけられており、アジア地域でのビジネス機会の創造強化、すな
わちアジア戦略が中心に据えられている。

　この背景には、アジア経済の躍進とともに発展するという今後の日本経済
の成長モデルを志向した場合、日本とアジアとの経済的連携が、貿易・直接
投資等の実物経済に比べて証券市場分野では出遅れているという事実があ

る。また、アジアの証券市場の統合と発展は、中間所得層の爆発的増加とともに蓄積されるアジアの資産を効率的に運用し、アジア企業にとっても資金調達コストを低下させるという点で、アジア経済の持続的成長を可能とする。JPXのアジア戦略の目的は、こうした日本経済とアジア経済の発展への貢献であり、1,500兆円とも言われる日本の個人金融資産を背景として、金融資本市場インフラであるJPXが果たせる役割は大きいものと考えている。

　JPXとしては、アジア戦略をいくつかの視点から進めようと考えている。具体的には、市場運営ノウハウの提供をはじめとする資本市場育成支援、各種商品の相互上場の推進に向けたアジア各国取引所等との連携の強化、TOKYO PRO-BOND Marketやインフラファンド市場の活用によるアジア経済の振興である。

Ⅰ　ミャンマーにおける取引所設立支援

　ミャンマーはアジアの「ラストフロンティア」とも呼ばれ、長く軍政が続いたことから資本市場は発達しておらず、証券取引所も存在しない。

　ミャンマー政府はこうした状況を改善するべく、資本市場に関するブループリントを作成し、2015年中の証券取引所設立を目指している。

　JPXは、1990年代からミャンマーに進出していた大和総研と共同で、同国の証券取引所設立を支援している。システム分野については大和総研、証券取引所の制度・規則整備はJPXが担当し準備を進めている。また証券取引法や証券監督機関については、我が国財務省と金融庁が支援を行うなど官民連携での支援体制となっている。

　前述の通り、アジアにおいては韓国取引所（KRX）による積極的な資本市場支援の影響から、日本及びJPXの存在感が希薄化していた。ミャンマーにおける資本市場支援を行うことでアジアにおける橋頭堡確保を目指したい。

　資本市場を一から構築することにより、ミャンマー支援が長期間にわたる本格的な関与であることもアピールできものと考えている。実際に現地スタ

図表 4 −21　ミャンマーにおける取引所設立支援

1996年	ミャンマー証券取引センター（MSEC）設立（国営ミャンマー経済銀行（MEB）と大和総研の合弁会社）
2008年	資本市場開発委員会設立
2012年5月	ミャンマー中銀、大和総研及び東証（当時）との三社間にて資本市場育成支援（取引所設立支援）について MOU 締結
2012年8月	ミャンマー中銀、財務総合政策研究所が、証券取引法令の策定及び関連する人材育成支援について MOU 締結
2013年8月	証券取引法施行
2014年1月	緬財務省、金融庁が、金融技術協力についての MOU 締結

ッフとともに証券取引所の規則やシステム構築を手掛けることにより、具体的な施策にまで関与し、実効的な支援が可能になるものと期待している。

　今後は早期開業を目指すとともに、一日も早く安定稼働への目途を付けたいと考えている。その後はミャンマーの経験を活かし、周辺国の取引所運営についても支援を行いたい。

Ⅱ　アジアの取引所での TOPIX／JPX 日経400等の ETF や先物等の上場

　アジア戦略における第二の柱は、TOPIX や JPX 日経400など日本株指数の上場投資信託（ETF）や先物を海外の証券市場に上場することである。日本市場のプレゼンスやブランド力の向上という観点からも重要な施策であると考えている。

　TOPIX 指数に関連して、ETF 商品については、すでにアジア地域を含む海外市場で上場している事例があるが、今後は新指数でありながら急速に関心を高めている JPX 日経400ETF の海外上場を目指したい。

　JPX では、先物商品については、これまで他の市場への上場に対して非常に保守的なスタンスを取ってきたこともあり、アジア地域の取引所では上場されていない。

　しかしながら、JPX 発足により、株価指数先物商品は TOPIX と日経225

図表 4－22　TOPIX 等関連商品の上場

■ TOPIX等関連商品の上場

上場取引所	対象指数	商品	上場年
SGX	日経 225 指数 TOPIX 配当指数	先物 ETF	1986 年 2007 年
CME Group	日経 225 指数	先物	1990 年
NYSE Euronext	TOPIX 配当指数	ETF	2005 年
TEL AVIV STOCK EXCHANGE	日経 225 指数	ETF	2006 年
XETRA DEUTSCHE BÖRSE GROUP	日経 225 指数 TOPIX TOPIX ユーロ為替ヘッジ指数	ETF ETF ETF	2006 年 2008 年 2011 年
SIX	TOPIX 指数 日経 225 指数	ETF ETF	2007 年 2010 年
NYSE EURONEXT.	TOPIX100 日経 225 指数	ETF	2008 年 2011 年
KRX	TOPIX100 TOPIX	ETF ETF	2008 年 2014 年

※ロゴは、上場年当時。

の 2 枚看板となったことに加え、2014年11月25日には JPX 日経400先物の取引も始まったことから、TOPIX ライセンスの取扱いに関して、これまでのスタンスについて検証する余地があろう。

　JPX としてアジアの指数先物商品のラインナップを拡充していくためには、各国の指数ライセンスの提供を受けると同時に、自社指数のライセンスを提供するといったこともありうるだろう。

Ⅲ　TOKYO PRO-BOND Market を通じた資金供給

　JPX が世界及びアジアで一定の存在感を示してきたことは上述の通りであるが、企業による資金調達という観点からみると、背後に中国という大きな消費市場を控えている香港市場は、調達側、特に国際的な発行体にとって磁場のごとく魅力的な市場である。

　こうしたなか市場としての資金供給力強化を目指そうとするのが TOKYO PRO-BOND Market である。TOKYO PRO-BOND Market は、2008年の金融商品取引法改正で導入された「プロ投資家向け」の新しい債券市場の仕組みを利用し、2012年 3 月に開設された市場である。

TOKYO PRO-BOND Market の特徴としては次の2点が挙げられる。すなわち、①機動的かつ柔軟な起債が可能である点、②海外発行体に対する高い利便性の提供である。

まず①のポイントは債券発行時に必要な開示書類を投資家への情報提供の質を損なうことなく、大幅に簡素化するなど、手続きを効率化させ、市場環境に対応した機動的かつ柔軟な債券発行を可能とする点である。上場により、投資家は必要な情報について東証ウェブサイトを通じて簡便にアクセスできる。海外の MTN プログラムと同様に、発行体の財務情報や当年の起債予定額を TOKYO PRO-BOND Market へ登録する（プログラム上場）することで、その予定額の範囲内にて随時債券を発行できる仕組みとなっている。いずれも起動的な資金調達に資するとの観点から制度設計されたものである。

次に②の海外発行体に対する高い利便性である。TOKYO PRO-BOND Market では英語のみでの情報開示が可能となっているが、これは日本語の開示を必要とするサムライ債の発行手続きとの大きな違いであり、日本語へ

図表4−23　TOKYO PRO-BOND Market の実績

発行体		上場実績
SK Telecom Co., Ltd.	2012年10月11日	プログラム上場（プログラムアマウント70億円）
	2013年9月27日	プログラム期日到来
ING Bank N. V.	2012年3月30日	プログラム上場（プログラムアマウント2,000億円）
	2012年4月17日	債券上場507億円
	2012年12月11日	プログラムアマウント増額4,000億円
	2012年12月19日	債券上場（固定・変動利付債）1,759億円
Nomura Bank International plc (NBI)	2012年7月27日	プログラム上場　プログラムアマウント
		NBI：125億米ドル　（約1.1兆円相当）
Nomura Europe Finance N. V. (NEF)		NBF：400億米ドル　（約3.6兆円相当）
	2013年8月6日	プログラムアマウント更新
		NBI：10億米ドル　（約9,800億円相当）
		NBF：30億米ドル　（約2.9兆円相当）
ICICI Bank Ltd.	2013年6月18日	プログラム上場（プログラムアマウント500億円）
Asian Development Bank	2013年11月11日	プログラム上場（プログラムアマウント無限定） ※総会において暦年ベースでドローダウンの額が決定
Bank of America Corporation	2014年3月7日	プログラム上場 プログラムアマウント650億米ドル（約6.6兆円相当）
Banco Santander-Chile	2014年4月2日	プログラム上場（プログラムアマウント2,000億円）
	2014年4月6日	債券上場（固定・変動利付債）273億円
Malayan Banking Berhad	2014年5月1日	プログラム上場 プログラムアマウント50億米ドル（約5,000億円相当）
	2014年5月23日	債券上場311億円

の翻訳費用を負担する海外の投資家にとって魅力的なポイントと言える。ま
た、上場時の会計基準についても、国際会計基準（IFRS）や米国会計基準
（US-GAAP）を採用しており、東京での資金調達のために新たな会計基準
で財務関係書類を作成する必要がない。発行通貨においても、円建て債以外
にも様々な通貨での発行が可能となるなど、発行者側にとって負担の少な
い、柔軟な制度設計を行っている。

　現在の上場及び発行（いわゆるドローダウン）の実績については、図表4
−23の通りである。アジアの発行体及びプロ投資家へのプロモーションを積
極的に実施しているほか、シンガポール事務にも担当者が駐在するなどして
活動を強化する予定である。また、アジア諸国政府間プロジェクトへの参加
などを通じて、一層の上場発行体の増加を目指している。

Ⅳ　インフラファンド市場を通じた資金供給

　前述（7．アジアにおけるインフラ投資ニーズの拡大）の通り、アジアに
おけるインフラ整備は喫緊の課題であり、これを支える資金ニーズや投資ニ
ーズを考える時、証券取引所としてもこうした資金の調達と運用への機会提
供を創出することが求められよう。またこうしたニーズは、証券取引所にと
って新たなビジネス機会とも捉えられよう。1,500兆円にも上る豊富な個人
資産を有する我が国市場を擁する日本取引所グループとしても、この資金の
調達と運用ニーズに対する仲介者としての役割の一翼を担いたいと考えてい
る。

　世界では既に、インフラファンドが取引所市場に上場され、広く投資家の
投資対象となっており、2003年の12銘柄から2012年には50銘柄にまで増加、
時価総額は10兆円を超えるなど一定規模に至っている。2020年までのインフ
ラ投資予測を考えると、今後一層の上場インフラ市場の成長が期待される。

　アジアにおいても、オーストラリア証券取引所（ASX）、タイ証券取引所
（SET）、韓国取引所（KRX）において既に上場インフラファンドの制度が
整備され、ガス、発電などのユーティリティ事業、港湾、高速道路、高架鉄
道などのインフラへ投資されている（図表4−24）。

第4章　日本取引所グループのアジア戦略　125

我が国においても、今後のインフラ投資やその運営において、PPP（Public-Private Partnership）やPFI（Private Finance Initiative ）と呼ばれる政策が促進され、官民連携ファンドを創設する取組みが検討されている。また投資家サイドでもインフラファンドへの投資を開始している。こうした状況を鑑みて、JPXにおいても、国内外のインフラ整備促進に市場機能を活かす観点から、インフラファンド市場を今年度中（2014年度中）に開設することを目指している。

図表 4 -24　上場インフラファンド

韓国の上場インフラファンド
(仁川空港、釜山港、高速道路、
トンネル、橋、地下鉄、etc)

ソウル(KRX)

バンコク(SET)

タイの上場インフラファンド
(バンコク高架鉄道(BTS)、情報通信(TRUEIF)、
発電所(ABPIF))

シンガポール(SGX)

シンガポールのインフラ・ビジネストラスト
(港湾施設、再エネ、火力発電、都市交通、
情報通信、etc)

シドニー(ASX)

オーストラリアの上場インフラファンド
(ガス、発電・送電、再エネ、道路・空港・水道etc)

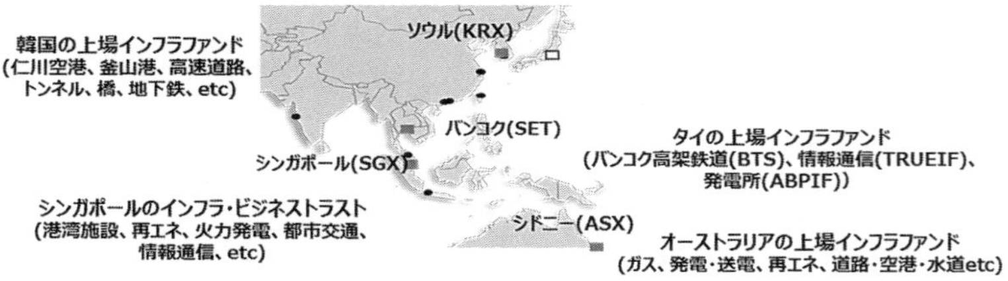

第 **5** 章

カンボジア、ラオス、
ミャンマーの金融・資本市場

第1節
経済の安定性と金融資本市場の関係

　ラオス、ミャンマーのASEAN加盟は1997年、カンボジアは1999年であり、この3か国はASEANの最後発国に位置付けられる。IMFによれば、2013年の一人当たりGDPもミャンマー1,113ドル、ラオス1,594ドル、カンボジア1,028ドルとASEANの最底辺に位置する（以下、カンボジア、ラオス、ミャンマーを総称する際にはCLMと表記）。しかし近年の成長率はASEAN先行国を総じて上回る傾向が強まってきており、CLM3か国のキャッチアップが始まっている。

　これら3か国はいずれもインドシナ半島に位置し、同半島にはASEANにおける製造業の一大集積地であるタイが存在する。そして、そのタイが人口構成の成熟化などにより、一部既存製造業の競争力の減退に直面しており、いわゆる「タイ・プラス・ワン」という、タイから他国への集積の拡散が始まりつつある。CLM3か国は、タイに近接するという地理的条件、及び人口構成の若さ（若くて人件費の安い労働力の存在）の両面から、「タイ・

図表5－1　CLMとASEAN5の実質GDP成長率（％）

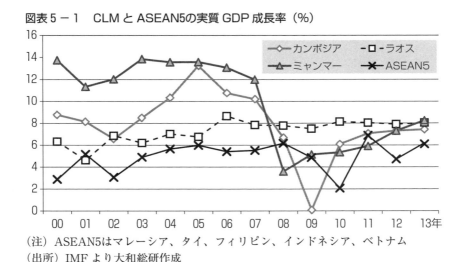

（注）ASEAN5はマレーシア、タイ、フィリピン、インドネシア、ベトナム
（出所）IMFより大和総研作成

プラス・ワン」の利益を享受しやすい立場にある（2010年の年齢中央値はタイの35.4歳に対し、カンボジア23.5歳、ラオス20.3歳、ミャンマー27.8歳、数値の出所は国連）。更に2015年末に予定されるASEAN経済共同体（AEC）の発足は、CLM3か国と地域のコア国であるタイとの一体化を後押しすることとなろう。

　もっとも、これら3か国が相対的な高成長を中長期的に継続するための課題も少なくない。例えば、ミャンマーがしばしば二桁インフレに見舞われるなど、CLMは総じてインフレ率が高い。これは経済発展のごく初期段階にあり、インフラ等の供給サイドが未成熟であることの必然的結果という側面も持つが、それだけに、インフレ体質の改善には時間がかかる。そして、高いインフレ率は持つ者と持たない者（例えばドルなどの外貨にアクセスしインフレヘッジを行える者とそうでない者）の格差を拡大させる可能性がある。それが社会不安などを惹起すれば、成長は覚束なくなる。

　更に、3か国がいずれも抱える、財政収支と経常収支の「双子の赤字」をどうマネージしていくかも重要な課題である。財政赤字の規模（GDP比）は先行ASEAN諸国と大きな差はないが、ラオスを筆頭にCLM3か国は経常収支の赤字が常態化している。経常収支は国内の貯蓄・投資バランスと表

図表5－2　CLMとASEAN5のインフレ率（前年比、％）

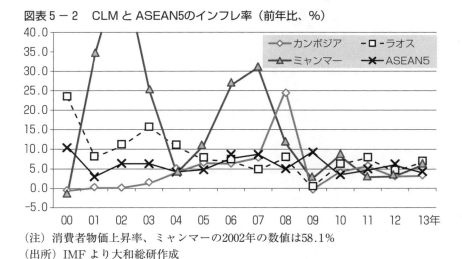

（注）消費者物価上昇率、ミャンマーの2002年の数値は58.1％
（出所）IMFより大和総研作成

図表 5 − 3　CLM と ASEAN 5 の経常収支（GDP 比、%）

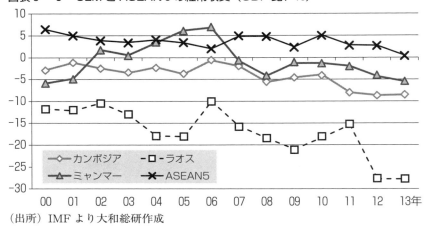

（出所）IMF より大和総研作成

図表 5 − 4　CLM と ASEAN 5 の財政収支（GDP 比、%）

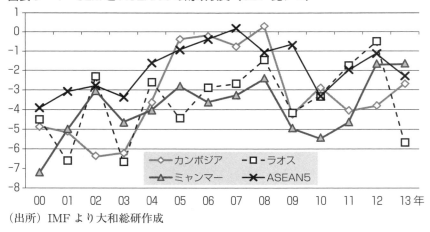

（出所）IMF より大和総研作成

裏の関係にあり、黒字は善、赤字が悪というほど単純なものではない。成長率が高く、その主要な牽引役が投資（公共投資や設備投資などの固定資本形成）である場合、その一部を海外資本に依存することは珍しいことではないし、不健全なことでもない。こうしたケースでは、経常収支の赤字は高成長の結果ともいえる。しかし、為替制度の在り方にもよるが、経常収支の赤字が大幅であれば、為替レートが減価し、国内インフレ率がより高くなるな

ど、赤字の波及効果には注意しなければならない。総じて、経常赤字の存在が、財政・金融政策の自由度を制約してしまうという問題もある。

また、例えば国内の投資を海外からの借款を中心に賄う場合、それは対外債務の累増をもたらし、元利の支払いが国際収支を圧迫するということが起こり得る。従って、経常収支の赤字をどのような形態でファイナンスし得るかが、持続的な成長の可否を決める上で重要なポイントになる。ただし、そのファイナンス形態は、各国の金融市場の成熟度の制約を受ける。端的に言えば、国内に流動性の高い株式市場や債券市場が存在しており、それが非居住者に開かれていれば、これらポートフォリオ投資の形態での資本流入が可能となる。こうした市場がなければ、当然ながら経常赤字ファイナンスの手段の幅は狭まる。そして、金融市場は、総じて経済成長とパラレルに進化し、深みを増すものであるため、ASEAN最後発国であるCLMは、どうしても海外資本取入れの手段が限定的とならざるを得ない。

CLM3か国とベトナム、タイの資本収支の構成を比較すると、CLMよりはベトナム、ベトナムよりはタイといった形で、資本流入形態の多様化が進んでいることが確認できる。CLMの資本流入は直接投資依存度が高く、「その他」項目は、ODAや国際金融機関等による、公的色彩の強い借款が中心であると考えられる。ベトナムではこれに、量的には多くはないもののポートフォリオ投資が加わってくる。そして、タイの場合は、直接投資のシェアが低下し、ポートフォリオ投資の比重が増している。また、そのことによっ

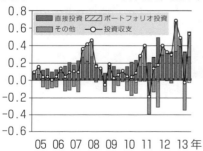

図表5－5　カンボジアの資本収支(10億ドル)

(出所) CEIC Dataより大和総研作成

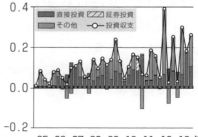

図表5－6　ラオスの資本収支(10億ドル)

(注) 証券投資の統計は2010年4Q以降のみ
(出所) CEIC Dataより大和総研作成

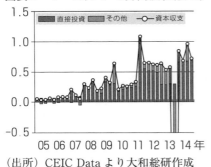

図表5-7　ミャンマーの資本収支(10億ドル)
(出所) CEIC Data より大和総研作成

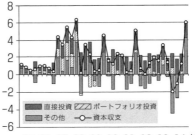

図表5-8　ベトナムの資本収支(10億ドル)
(出所) CEIC Data より大和総研作成

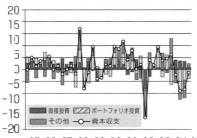

図表5-9　タイの資本収支(10億ドル)
(出所) Haver Analytics より大和総研作成

て、資本全体の流入・流出のボラティリティが高くなる。

　その面からいえば、CLMの資本流入形態が安定的であることは確かである。例えば、タイは2013年後半から14年初頭にかけ、ポートフォリオ投資形態での資本流出が生じ、外貨準備の減少に見舞われた。背景となったのは、後の14年5月の軍事クーデターに続く同国の政治的混乱である。金融・証券市場を整備し、それを非居住者に開くことは、こうした資本流出入の大きな変動を覚悟しなければならないということでもある。

　とはいえ一方、資本流入形態の多様化が進まなければ、後発国経済は「国際収支の天井」に景気拡大ペースが制約されるなど、成長の機会を逸してしまう可能性が高くなる。つまり、景気拡大によって輸入が増加し、経常収支の赤字が拡大するケースなどにおいて、スムーズな資本流入が実現しなけれ

ば、為替レートが減価するか外貨準備が減少するかのどちらか、ないしは両方が起こる。外貨準備の減少が危険水域に達すれば、政府・中央銀行は金融引き締めなどによって景気拡大を自ら終わらせなければならなくなる。仮に、開かれた金融・証券市場が存在していれば、景気拡大は海外投資家の自発的な資本流入を後押しし、上記のような景気拡大の終焉は回避しやすくなる。この場合、むしろ気を付けなければならないのは、過大な資本流入に伴う景気の過熱や資産価格のバブルである。

従ってCLM3か国の課題は、先行国の経験に学び、またチェンマイ・イニシアティブのようなセーフティネットを整備、活用しながら、持続的な成長のための海外資金を取り入れつつも、過大な資本の流出入に代表される金融・資本市場整備に伴うコストを最小限に抑えることにある。

■ 第2節
CLMの金融・資本市場概観

ここでは、CLM の金融・資本市場の相対的な発展度合いを簡単に確認しておこう。一般に、「金融深化」を示す指標とされるマネーサプライの GDP 比は、中国やベトナムなど先行国に比較して CLM は総じて低い。ただし、

図表5-10　マネーサプライの規模と増加率

(%)	カンボジア		ラオス		ミャンマー		ベトナム		中国	
	対GDP比	増加率	対GDP比	増加率	対GDP比	増加率	対GDP比	増加率	対GDP比	増加率
90年	10.3	240.9	7.2	7.8	28.8	41.4	27.1	53.1	81.9	34.2
95年	7.7	44.3	13.5	16.4	30.7	40.5	23.0	22.6	99.9	32.3
00年	13.0	26.9	17.4	45.9	32.7	42.2	50.5	56.2	135.7	12.3
05年	19.5	16.1	18.7	8.2	21.6	27.3	75.6	29.7	160.1	16.5
10年	41.4	20.0	38.0	39.5	23.6	42.5	129.3	33.3	180.8	19.7
12年	50.4	20.9	49.1	31.0	36.7	55.0	129.9	34.9	187.5	14.4
13年	53.4	14.6	50.0	15.8	36.3	13.4	122.8	4.4	194.5	13.6

（出所）アジア開発銀行

カンボジア、ラオスが近年同比率を急速に高めている一方で、ミャンマーの
それは停滞気味である。マクロ統計には総じて、ミャンマーの相対的な遅れ
を示すものが多く、GDP統計における金融セクターの付加価値シェア（対
GDP）においても、カンボジアの1.4%（2010年）、ラオス3.7%（2011年）
に対し、ミャンマーは0.1%（2011年）に過ぎない。市場経済メカニズムを

図表5－11　金融・資本市場の規模

（対GDP比：%）	カンボジア			ラオス			ミャンマー		
	銀行融資	株式時価総額	債券発行残高	銀行融資	株式時価総額	債券発行残高	銀行融資	株式時価総額	債券発行残高
90年	n.a.	n.a.	n.a.	5.0	n.a.	n.a.	39.6	n.a.	n.a.
95年	5.3	n.a.	n.a.	9.9	n.a.	n.a.	32.5	n.a.	n.a.
00年	6.4	n.a.	n.a.	9.0	n.a.	n.a.	31.2	n.a.	2.5
05年	7.2	n.a.	n.a.	8.1	n.a.	n.a.	n.a.	n.a.	0.8
10年	22.7	n.a.	n.a.	26.5	n.a.	n.a.	n.a.	n.a.	2.4
12年	33.8	0.9	n.a.	34.2	10.9	n.a.	6.6	n.a.	3.8
13年	40.2	0.8	n.a.	41.9	10.4	n.a.	n.a.	n.a.	n.a.

（対GDP比：%）	ベトナム			中国		
	銀行融資	株式時価総額	債券発行残高	銀行融資	株式時価総額	債券発行残高
90年	n.a.	n.a.	n.a.	89.4	n.a.	n.a.
95年	20.1	n.a.	n.a.	87.7	5.5	n.a.
00年	32.6	n.a.	0.3	119.7	48.7	16.9
05年	65.4	0.8	5.0	134.3	17.6	39.3
10年	124.7	17.6	15.8	146.3	67.1	50.3
12年	104.9	21.1	16.1	155.1	43.7	49.0
13年	108.2	26.8	16.9	163.0	41.3	50.3

（出所）Haver Analytics、CEIC Data、Bloomberg、ミャ
　　　ンマー中央銀行、アジア開発銀行、カンボジア証
　　　券取引所、ラオス証券取引所より大和総研作成

図表 5 −12　証券取引所の比較

国	カンボジア	ラオス	ミャンマー	ベトナム	中国
名称 （開業年）	カンボジア証券取引所 （2011年）	ラオス証券取引所 （2010年）		ホーチミン証券取引所 （2000年） ハノイ証券取引所（2005年）	上海証券取引所（1990年） シンセン証券取引所 （1991年）

上場数

	カンボジア	ラオス	ミャンマー	ベトナム	中国
2000年				5社	1,086社
2005年				41社	1,378社
2010年		0社		642社	2,063社
2012年	1社	2社		749社	2,494社
2013年	1社 （2014年には2社）	3社		718社	2,489社

株式時価総額（100万ドル）

	カンボジア	ラオス	ミャンマー	ベトナム	中国
2000年				n.a.	581,005
2005年				472	401,569
2010年				38,321	3,989,997
2012年	135	1,019		37,371	3,662,283
2013年	117	1,100		45,665	3,909,045

取引高（100万ドル）

	カンボジア	ラオス	ミャンマー	ベトナム	中国
2000年				n.a.	779,334
2005年				176	397,412
2010年				38,685	8,169,910
2012年	13	15		20,311	5,438,036
2013年	3	24		20,867	8,511,725

| その他 | ○カンボジア政府（55%）と韓国証券取引所（45%）の合弁
○上場会社はプノンペン水供給公社（2012年4月上場）、Grand Twins International（2014年6月上場） | ○ラオス政府（51%）と韓国証券取引所（49%）の合弁
○上場会社はラオス電力発電（水力発電）（2011年1月上場）、ラオス外商銀行（2011年1月上場）、Lao World Public Company（2013年12月上場） | 【ミャンマー】
○証券取引所ではないが、ミャンマー経済銀行（50%）と大和総研（50%）の合弁会社としてミャンマー証券取引センターがある
○店頭で2銘柄を取引。木材専売公社とミャンマーシチズン銀行
○2015年に証券取引所創設予定 |

（出所）カンボジア証券取引所、ラオス証券取引所、ハノイ証券取引所、Haver Analytics、CEIC Data、Bloomberg より大和総研作成

取り入れるタイミングの違いなどを反映したものであろう。

マネーサプライの GDP 比は各国の銀行部門の信用創造機能の強弱を強く反映する。カンボジアやラオスの同比率の上昇が、両国の銀行融資 /GDP 比の上昇を伴っていることが示す通りである。信用創造機能は多くのファクターに左右されるが、そのうち重要なものの一つが、銀行部門に対する人々の信頼である。例えば、多くの人々がタンス預金として現金を手元にとどめ置けば、銀行部門の信用創造の原資となる預金は増大しない。ミャンマーの金融深化の相対的な遅れのもう一つの背景は、2003年に生じた銀行危機において取り付け騒ぎに発展したことなどの歴史的経緯が、銀行部門に対する一般的な信認を低めてきたことにあるとも考えられる。

株式市場はカンボジア、ラオスでは取引所こそ開設にこぎつけたものの、上場企業はカンボジアが 2 社、ラオスは 3 社に過ぎず、市場の活性化が大きな課題である。ミャンマーは2015年の取引所開設に向けた準備が行われている段階であり、現在は 2 銘柄が店頭で取引されている。いずれにせよ、資本市場はほぼすべてがこれから、といって良い状況にある。もっとも、社会主義国でありながら市場経済メカニズムを取り入れ、それを経済発展の原動力としてきた市場化の先行国である中国、ベトナムでは、マネーサプライや銀行融資の GDP 比が急拡大した後、株式市場の拡大が続くという経路をたどっている。CLM の資本市場の今後の発展に関するポテンシャルを悲観する必要はないと思われる。

以下では、CLM3か国それぞれの経済、及び金融・資本市場の整備の状況を見ていくこととしたい。

■ 第 3 節 ■

カンボジア

Ⅰ　対外開放度の高さ

カンボジア経済の特徴の一つは、対外開放度の高さにある。直接投資の流入が活発であり、それが繊維産業等の輸出能力を高め、経済成長に貢献して

図表5−13 直接投資のGDP比（％）

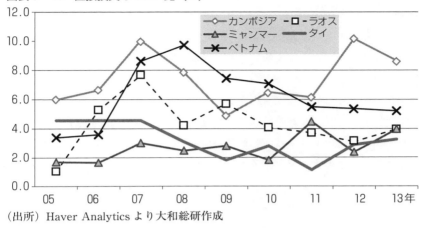

（出所）Haver Analyticsより大和総研作成

いる。また、アンコール・ワットなどの存在により、観光業の拡大が著しく、CEIC Dataによれば国際収支統計における「旅行収入」の受け取りのGDP比は、2000年の3.6％から2013年の17.4％に増加している。当然、これに合わせホテルなどの関連投資が成長に寄与しており、ここでも外国資本の流入が大きな支えとなっている。

　こうした開放度の高さは、金融関連でも同様であり、それは同国の銀行部門における外資のプレゼンスの高さが象徴している。2013年末の時点で、カンボジアには35行の銀行が存在しているが、内、26行が100％外資であり、外資の払込資本がゼロの銀行は5行に過ぎない。前出の表にみる、銀行融資/GDP比の近年の順調な拡大は、外資を中心とした銀行の新規参入の活発化の結果でもある。

　このような、カンボジアの対外開放性の高さは、75年から79年にかけてのポル・ポト派政権時代を含み、70年から91年までの長期にわたって同国が内戦状態を強いられ、農業以外の産業がほぼ壊滅、通貨、銀行システムもリセットを強いられた結果でもあろう。同国には守るべく既存産業・企業が少なく、これがCLMの中でも際立つ開放性の高さの背景をなしている。

II　ドル化経済

　カンボジアの金融関連の、もう一つの大きな特徴はドル化の進展である。
カンボジア国立銀行（中央銀行）のマネタリーサーベイによれば、2013年末
時点でマネーサプライ（M2）に占める外貨建て預金のシェアは82.2%、定
期預金等からなる準通貨に占めるシェアに至っては96.6%に達する。日常の
決済通貨としてもドルが一般的に使われているが、特に、貯蓄手段としての
ドルの比重は圧倒的であり、それは自国通貨に対する国民の信認の低さの反
映であろう。ベトナムやラオスでも、比較的米ドルが一般的に使われている
が、預金等に占めるシェアはカンボジアほど高くはない。ここでもやはり、
ポル・ポト政権によるリセット（貨幣を含む私有財産の廃止）、及び後の国
連カンボジア暫定統治機構下の国際支援によるドルの大量流入という歴史的
経緯が反映されている。

　ドル化経済においては、中央銀行が金融政策を通じて景気変動をならすこ
とが難しくなる。更に、市中銀行の預金のほとんどが外貨である一方、中央
銀行が刷ることができるのは、自国通貨のみであるため、例えば、銀行への
取り付け騒ぎなどが生じるといった流動性危機に対処することが困難にな
る。さしあたり、中央銀行は外貨準備の蓄積に注力することが求められる
が、民間銀行に対する適切なプルーデンス政策の遂行も重要である。

III　証券市場

　以上のようなカンボジアの特性は、証券市場の在り方とも無縁ではない。
同国ではアジア開発銀行の協力の下で資本市場育成策が策定されてきている
が、2007年10月に証券取引委員会が組織され、2010年に同国政府（経済財政
省）と韓国取引所の合弁会社としてカンボジア証券取引所が設立された。取
引所の開設に当たっては、引受業者7社、ブローカー4社、ディーラー2
社、投資アドバイザー2社が証券業ライセンスを取得したが、取引所のウェ
ブサイトによれば、2014年11月現在で、引受業者7社、ディーラー1社、ブ
ローカー3社の計11の証券会社が取引所の会員として登録されている。もっ

図表 5 −14　カンボジアの資本市場育成策

2000年代	2010年代
○1999年〜2000年に、カンボジア政府とADBは金融資本市場の長期的な育成計画（Vision and Financial Sector Development Plan for 2001-2010）を策定。その後、カンボジアの経済等の現状を鑑み、上記計画を更新し、Financial Sector Development Strategy 2006-2015を策定 ○本計画では、優先度で3つの期間に計画を区分 【Immediate priorities：2006年〜2009年】 ・適切な法体制と民間企業や公開有限責任会社向け^(注)の漸進的な枠組みの発展 ・国債以外の債券に関する法律の制定と金融詐欺を取り締まる機関の創設 ・会計・監査のキャパシティの改善、人材育成、投資家教育、外国証券取引所との提携 【Intermediate and medium term priorities：2009年〜2012年】 ・公開有限責任会社向けの証券保管機関の事業開始と当該企業の登録（株式取引所の基礎を構築するもの） ・証券取引所の創設の検討（株式公募は証券取引所を通じたもので、対象は公開有限責任会社のみ） ・投資家保障スキームの構築 【Long term priorities：2012年〜2015年】 ・投資ファンド、年金、証券化、デリバティブの発展 （注）株式の一般公開が認められた会社	○リーマン・ショック等を経て、Financial Sector Development Strategy 2006-2015を更新し、Financial Sector Development Strategy 2011-2020を策定 ○本計画では、前計画での主な成果として以下の項目を掲載 ・国債に関する法律（The Law on Government Securities）の公布（2007年） ・国債以外の債券の発行・取引に関する法律（The Law on the issuance and Trading of Non-Government Securities）の公布（2007年） ・SECの設立（2008年） ・カンボジア証券取引所設立（2010年） ・15社に証券業取扱ライセンスを付与（引受：7社、ブローカー：4社、ディーラー：2社、投資アドバイザー：2社）（2010年） ・政府は上場する国有企業3社を特定 ○短中長期に改革事項を区分（債券について、以下では記載） 【短期：2011年〜2014年】 ・現地通貨建て短期財務省証券の発行を検討 ・社債に関する法的枠組みの作成 【中期：2014年〜2017年】 ・1年物もしくそれより長期の財務省証券の発行を検討 ・社債に関する法律の施行 【長期：2017〜2020年】 ・国債発行 ・社債に関する法律の影響を精査、社債市場の発展

（出所）カンボジア政府、アジア開発銀行より大和総研作成

とも、上場企業はプノンペン水供給公社（上場は2012年4月）、スポーツ衣料メーカーであるグランドツイン・インターナショナル（同2014年6月）の二社しかない。二年のブランクの後の上場案件となったグランドツイン・インターナショナルにしても、株価、売買高ともに低迷しており、盛り上がりを欠いた状態にある。

　前述の通り、証券市場は、銀行部門を中心としたある程度の金融深化が進んだ後に発展するのが通常であり、カンボジアにおいても、現在の証券市場の成熟度の低さが今後の発展の障害を直接示唆するとは言えない。しかし、貯蓄手段としてほとんど自国通貨が使われていない同国にあって、受け渡し資金は米ドルでも可とされているものの、株式取引がリエル建てで行われていることが、同国の株式市場の発展の阻害要因となっていないかは検証の必要があると思われる。

　恐らく、現在のドルが通用性、汎用性のメリット（誰でも受け取ってくれる）を備えていることを踏まえれば、短期的には脱ドル化は容易に進捗しないものと思われ、リエルの普及を政策的に推し進めることには限界があろう。こと、株式市場の発展に着目する限り、ドル化経済を前提とし、ドル建て取引の開始を検討することが早道である可能性もあろう。カンボジアの対外開放度の高さは、株式についても同様であり、外国人による株式購入に対する制限はなく、外国人が100％を取得・保有することも可能である。こうした開放性の高さを活かすためにも、ドル建てでの株式取引は検討に値すると考えられる。

　なお、IMFによれば2000年代初頭に政府債の発行実績があるが、現在の残高は無視し得るほど小さいものであり、同国の債券市場は株式市場以上に発展が遅れているのが現状である。

第4節

ラオス

I 年齢構成の若さ

ラオスは人口が700万人に満たない小国である。ASEANの中では、シンガポール、ブルネイの人口がより寡少であるが、両国ともに所得水準（一人当たりGDP）が高いため、名目GDPで見た経済規模は、ラオスがASEAN10か国中、最も小さい。

一方、少ないながら、その人口構成は非常に若く、これが同国の今後の成長見通しに対する好材料となっている。前述のように2010年のラオスの年齢中央値（≒平均年齢）は20.3歳であり、ASEANはもとより世界的に見ても非常に若い国である。

図では横軸に年齢中央値を、縦軸に生産年齢人口比率（15歳から64歳までの人口の総人口に占める比率）をとり、世界の197か国についてみたものである。アジア諸国には人口構成と経済成長に明らかな経験則がある。一言で

図表5－15　生産年齢人口比率と年齢中央値

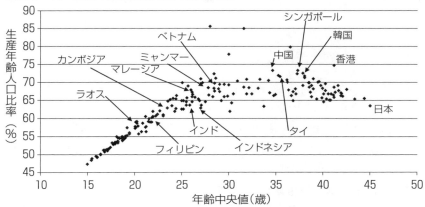

（出所）The United Nations, World Population Prospects: The 2012 Revision より大和総研作成

いえば、生産年齢人口が上昇する局面はいわゆる人口ボーナス期に相当するが、この好機を多くの主要国がのがさずに、比較的高い成長に結びつけてきたということである。図の右方の位置する国ほど、総じて、現在の所得水準が高いことが、その証左と言える。ラオスの人口の若さ、生産年齢人口の低さは、今後の成長ポテンシャルの大きさを示すものと捉え得る。更に同国の場合は、人口ボーナス享受の開始の時期が、地域大国であるタイのその終焉の時期とほぼ重なるという幸運にも恵まれている。本章の冒頭でもふれたように、タイにおける人口の成熟化とそれに伴う労働集約的製造業の競争力の減退は、生産拠点の移転などを通じ、若い労働力を有する近隣諸国の成長を後押しするからである。

　もっとも、若い国であることは、社会インフラ、産業インフラなどの資本蓄積をこれから行わなければならないということでもある。旺盛な投資需要がある一方で、国内の貯蓄は不十分であるため、どうしても経常収支は赤字になる。それを埋める上でも、スムーズな外資の取入れは重要な課題である。現在のラオスの経常赤字ファイナンスは、直接投資、及び公的色彩の濃い借款が両輪となっており、後者は対外債務の累増につながっている。実際、シンガポール、ブルネイの富裕国を除くASEAN8か国の内、政府債務のGDP比はラオスが最も高い。金融・資本市場の整備にあたっては、こうした政府の借金体質からの脱却という観点も必要となってこよう。

Ⅱ　着実な金融深化

　近年のラオスは、メコンデルタに位置する地理的条件を活かした水力発電開発、及び資源開発を中心とした経済成長を続ける一方で、着実な金融深化が進展している。2010年から2013年にかけ、銀行信用の伸びは年率30％から50％程度に達する。そのGDP比も2010年の20％台半ばから、2013年には40％を超えるに至っている。先進国、中進国であれば、バブルが懸念されるところであるが、銀行信用のGDP比の「水準」はまだまだ低い。信用の伸び率の高さは、銀行サービスにアクセスをし始めた企業や家計のすそ野の広がりを反映したものといえよう。

ラオスでも外貨の通用性は高いが、カンボジアほどではない。ラオス中央銀行は"Annual Economic Report 2013"で、「預金全体に占める自国通貨・キープ建ての預金のシェアは2009年の40.11％から2013年の48.62％へ継続的に上昇しており、ドル化からの脱却が着実に進展していることを示している」と述べており、同中央銀行がこの動きを歓迎していることを示唆している。実際、カンボジアに関して述べたように、ドル化の進展は中央銀行の金融政策遂行の障害になる。ただし、ラオスのように、各経済主体のバランスシートにおいて、自国通貨、外国通貨が混在している場合、例えば自国通貨の下落によって外貨建て債務の負担が増加する一方で資産の価値は増えないといった、通貨ミスマッチのリスクには注意が必要になる。

　2013年末時点で、ラオスには32の銀行が存在し、内、16が外国銀行の支店である。ただし、銀行の資産に占める外国銀行のシェアは20％未満にとどまっており、国有銀行を中心とする国内銀行のプレゼンスには及ばない。ここでも、比較的開放的であるものの、カンボジアほどではないラオスの立ち位置が表れている。金融深化が着実に進む中でも、農村部の銀行へのアクセスは限定的であり、マイクロファイナンスなどが農村部における企業等の資金調達の中心となっている。中央銀行もマイクロファイナンスの普及を後押ししている模様である。

Ⅲ　証券市場

　ラオスの企業の資金調達は、現時点では圧倒的に銀行、農村部ではマイクロファイナンスが中心であり、資本市場の出番はこれからである。債券市場に関しては、キープ建ての政府短期証券、中央銀行債の発行実績がある他、2013年、政府はタイでバーツ建て国債を発行している。ただし、関連法制が未整備であることなどから、流動性を備えた債券市場の育成には時間がかかる見込みである。

　株式市場に関しては、2010年10月にラオス証券取引所が開設された。カンボジア同様、ラオス政府（出資比率51％）と韓国取引所（同49％）の合弁である。取引所に登録されている証券会社はBCEL-KT証券、ランサン証券、

第5章　カンボジア、ラオス、ミャンマーの金融・資本市場　143

図表 5 −16　ラオスの資本市場育成策

2000年代	2010年代
○第6次国家社会経済発展計画（2006 ～2010）の中に、一部、金融資本市場に関する記述がある ・投資家に向けて、安全、厳格なマネジメント、利益確保を行い、金融資本市場の拡大を目指す ・債券市場は発展の初期段階にあるという認識を示し、市場を改善するための調査を実施 ・株式市場については、当該計画の最終日（2010年）までに株式取引所を創設するという構想をもつ	○第7次国家社会経済発展計画（2011 ～2015）の中に、金融資本市場の発展に関する目標と手段を掲げている 【目標】 ・2015年までに、株式取引所に少なくとも10社上場させるために public companies の拡大と促進 ・株式取引所に上場する商品の拡大 ・個人、機関投資家を含めた投資の拡大 【手段】 ・近代的な不動産市場や株式市場への発展のために、法律等の改善や作成 ・不動産市場や株式市場の効率的な管理のための、キャパシティ　ビルディングと人材開発 ・株式市場の近代化と国内外（域内）への株式投資サービスの提供

（出所）ラオス計画投資省、ラオス計画投資委員会より大和総研作成

及び2014年1月に参入を果たしたラオ・チャイナ証券の三社である。BCEL-KT証券はラオス外商銀行（BCEL）とタイのKT-ZIMICO証券の合弁、ランサン証券はラオス開発銀行（LDB）とベトナムのサコムバンク証券の合弁、またラオ・チャイナ証券はラオス側農業振興銀行、ラオス情報産業会社、中国のパシフィック証券の合弁であり、いずれも地場銀行・企業と外資証券の組み合わせというパターンになっている。

　2011年1月には水力発電会社であるEDL-Gen、及びラオス外商銀行（BCEL）が上場を果たしている。しかし、その後、第三の上場企業の誕生は2013年12月のLao World Public Company（LWPC、展示会会場の貸し出しサービス、各種遊戯施設、結婚会場の運営などが主業務）まで待たなけれ

144

ばならなかった。政府は国有企業の民営化などを中心に上場企業数の増加を図る方針であるが、現在のところ、企業、家計、投資家、更には証券取引委員会や中央銀行の職員でさえ、証券関連の知識が不十分であり、例えばほとんどの企業も上場するメリットを認識していないなど、資本市場の育成に向けて越えるべきハードルは多い。

第5節

ミャンマー

I タイ・プラス・ワンの最大の享受者？

　ミャンマーはCLM3か国の中で、現在最も劇的な変化のさなかにある国であろう。長期にわたる軍政が民間の自由な経済活動を他国以上に圧迫していたことが、2011年の民政移管後に圧縮された変化をもたらしている。ヤンゴンはオフィスビルやホテルなどの建設ブームに沸き立ち、複数の経済特区の建設が進められている。金融関連では、前述のようにカンボジアやラオス以上に金融深化の程度は遅れているものの、2012年4月には為替レートの一本

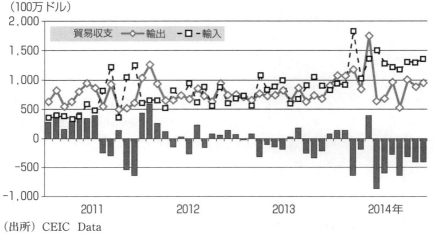

図表5-17　ミャンマーの輸出入

（出所）CEIC Data

化が実現し、2014年10月には外国銀行に支店開設の免許が交付されるなど、やはり近年の変化は速い。

ミャンマーはASEAN10か国の中で、カンボジアと並ぶ最貧国であるが、カンボジアやラオスに比較して、労働力の豊富さという武器がある。人口規模はカンボジアの1500万人、ラオスの700万人に対して、ミャンマーは5100万人程度であり、これがタイにおける人口成熟化に伴って拡散する製造業の集積を呼び込む上での大きなアドバンテージになると期待される。外国投資法制の整備などの投資環境の改善と相俟って、同国については、タイ・プラス・ワンのみならず、チャイナ・プラス・ワンとしての活用を検討する企業もあって不思議ではない。

2013年の輸出総額に占めるガスのシェアが31%を占めるなど、現状、ガス、及び一次産品が外貨獲得の中心であり、一方で、建設ブームを反映した資本財等の輸入の増加が目立っているため、当面は貿易収支の赤字継続を覚悟する必要があろう。しかし、中期的には製造業基盤の構築が進み、同セクターが外貨獲得に貢献する可能性がある。

Ⅱ　始まった金融市場の開放

カンボジアは無論のこと、ラオスと比べてもミャンマーの金融部門の対外開放度は低い。既述のように、カンボジアがポル・ポト政権下で、既存の通貨、銀行システムがリセットされ、既得権が崩壊したのとは異なり、ミャンマーは国営銀行中心の銀行システムが継続してきた。また、そうした銀行システムに求められてきた機能の中心は、財政赤字のファイナンスであり、民間への信用創造は極めて限定的なものに留まってきた。1990年の金融機関法の成立を受け、民間銀行の設立が相次ぎ、その資産規模は順調に拡大しているものの、多くの民間銀行が既存の企業の機関銀行的な性格を有していたこともあり、相対的に劣位した金融仲介機能を大きく変えるには至らなかった。

一方、ミャンマーは過去3度（64年、85年、87年）にわたり、流通紙幣を非合法とする廃貨を行っている。新たな紙幣との交換に当たっては手数料を

徴収し、87年の廃貨に際しては新紙幣との交換さえ十分に行わなかった。更に、2003年には銀行取り付け騒ぎを引き起こす深刻な銀行危機を経験している。こうしたことも、通貨制度や銀行システムに対する国民の信認を損ない、金融深化の進展を妨げてきた可能性がある。

　以上のような経緯を踏まえれば、民政移管以降の制度改革のペースの速さは非常に印象的である。2013年8月に中央銀行法が改定され、ミャンマー中央銀行は財政歳入省から法的な独立を果たした。無論、金融政策を行う場である短期金融市場の整備など、課題は山積みであるが、通貨制度への信認獲得に向けた重要な一歩である。また、2014年10月に邦銀3行を含む外国銀行9行に銀行免許を与えたことは画期的な前進であろう。金融開放という側面では先行国であるカンボジアやラオスの事例は、ミャンマーにおける今後の外国銀行のプレゼンスの顕著な拡大を示唆する。実体経済面においても、直接投資などを通じた外国企業が同国の成長に大きな役割を果たすであろうことを考えれば、総資産に占めるシェアなどにおいて、銀行の勢力図が大きく変化することが予想される。

Ⅲ　証券市場

　ミャンマーでは1993年に、3年物、5年物の国債の発行が開始され、2010年には2年債が加わった。中央統計機構（Central Statistical Organization）によれば、2014年3月末時点の残高は2年債6092億チャット、3年債5578億チャット、5年債1兆6366億チャット、計2兆8035億チャットである。2009年3月末が9392億チャットであったから、5年で3倍になった計算である（年率増加率24.4％）。ちなみに、2014年4月末のミャンマーの家計の預金総額は13兆4698億チャット、2013年のGDP（IMF推計）は54兆7564億チャットであり、国債残高はGDP比5.1％に相当することになる。

　残高の92.6％（2014年3月末）は民間部門に保有されており、そのほとんどが銀行部門であると考えられる。中央銀行が発表するマネタリーサーベイによれば、2012年3月末（既発表の最新数値）時点で同国の銀行部門（中央銀行、国営銀行、民間銀行の統合勘定）の国内向け信用は12兆9499億チャッ

ト、内、9兆6883億チャットが中央政府向けである。国債の保有もここに含まれる。民間企業や国有企業を含むその他部門への信用総額は3兆チャット強に過ぎず、依然として銀行部門の主業務の一つが財政ファイナンスであることが示されている。無論、今後の経済発展の中で、銀行信用に占める政府のシェアは減少に向かうことになろう。なお、2014年7月現在、クーポンレートは2年債8.75%、3年債9.0%、5年債9.5%であり、いずれも2012年1月以来変わっていない。

　一方、株式市場は取引所の開設こそカンボジア、ラオスに遅れているものの、市場創設に向けた取り組みの歴史は比較的長い。1996年には大和総研とミャンマー経済銀行（国営銀行）の合弁により、ミャンマー証券取引センター（Myanmar Securities Exchange Centre、MSEC）が設立され、翌年までにはForest Products Joint Venture、Myanmar Citizens Bankの店頭取引が開始されている。ただし、1997年から翌年にかけてアジア通貨危機が発生、また軍政下での経済活性化に限界があったこともあり、株式市場育成に向けた動きもしばしの中断を経験する。後、2006年に資本市場検討委員会が設立され、2008年にはこれを資本市場開発委員会が引き継ぎ、活動が開始される。そして2011年の民政移管を機に、株式市場育成に向けた動きのピッチが速まり現在に至っている。

　2012年には大和総研と東京証券取引所グループが中央銀行と証券取引所の設立、及び資本市場育成支援への協力に関する覚書（MOU）を締結、更に同年、日本の財務省財務総合政策研究所が同じくミャンマー中銀と、証券取引法整備支援に関するMOUを締結し、これを受けて2013年には証券取引法が成立している。そして今後、証券取引委員会の設立を経て、2015年中の証券取引所の開設が予定されている。

図表5－18　ミャンマーの資本市場育成策

2000年代	2010年代	2015年の証券取引所開業に向けて
○ミャンマー中央銀行が資本市場検討委員会を設置し、資本市場開発ロードマップを作成（2006年） ・ロードマップには2008～2015年までの17の取組みが含まれる ・取組みには ・SECの設立 ・証券取引所の設立 ・外資投資銀行・証券会社の参入促進、などが含まれる ○財政歳入省が資本市場開発員会を設立（2008年） ・資本市場開発員会の傘下に6つの分科会を設置 ・国内債券開発分科会 ・公開企業開発分科会 ・証券会社設立分科会 ・法制度準備分科会 ・会計・監査分科会 ・研修・教育・情報分科会	○MSEC（ミャンマー証券取引センター）・ミャンマー中央銀行が国債販売代理許可取得（2010年） ○ミャンマー中央銀行・東京証券取引所・大和総研が証券取引所設立支援に関するMOUを締結（2012年） ○ミャンマー中央銀行・日本の財務省財務総合政策研究所が証券法整備支援に関するMOUを締結（2012年） ○証券取引法成立（2013年）	【証券取引法とSEC】 ○証券取引法の成立で、SECが設立される見込み ○SEC設立後、資本市場関連行政は中銀からSECに移管される見通し 【電子化とITシステム】 ○アジアの証券市場は電子化がほぼ完了、ミャンマーも当初から電子化の方針 ○電子化を前提としたITシステム開発に約2年を要する見込み 【市場参加者】 ○上場企業候補を増やすためにprivate companyからpublic companyへの転換促進が必要 ○証券会社の新規設立が必要 ○投資家教育の必要性

（出所）ミャンマー中央銀行より大和総研作成

第 **6** 章

アジアの金融センターと
ASEAN の資本市場

■ 第１節

アジアの金融センターと ASEAN

Ⅰ 金融サービス業から見た ASEAN の魅力と課題

　アジアが世界の経済成長を牽引することが期待される中、市場としての
ASEAN（東南アジア諸国連合）の魅力が高まっている。とりわけ最近、日
本の企業・金融機関が ASEAN を魅力的と考える理由は、以下の３点に集
約できよう。第一に農業、資源関連産業から製造業へ、製造業からサービス
業、小売業、金融業などへと産業構造の高度化・多様化が進展しているこ
と、第二に ASEAN 主要国で中間所得層の拡大が予想され、一大消費地と
しての勃興が現実となってきたこと。そして第三に、域内の貿易・投資を自
由する ASEAN 経済共同体の創設を2015年に控え、ASEAN をひとつの市
場もしくはアセットクラスとしてとらえることが可能になりつつある点であ
る。

　上記のことは、日中関係の悪化や「チャイナプラス１」戦略などを背景
に、低い労働コストなど生産拠点としての ASEAN の競争力が、今後仮に
低下していったとしても、ホームマーケットで人口減少・市場縮小に直面し
ている日本企業・金融機関の ASEAN への関心は落ちないということを意
味しよう。

　さらに今後は、ASEAN 域内における金融サービス業の事業機会増大への
期待も高まっていくことが予想される。日本を含む域外の金融機関にとって
の ASEAN の魅力は、第一に、経済成長と産業構造の変化である。日本、
米国などの先進国においては近年、成長率の鈍化に加えて事業法人セクター
が資金余剰セクターに転換し、企業向けの銀行貸出がなかなか伸びない状況
となっているなかで、ASEAN は伝統的な預貸ビジネスが依然として有効に
機能する地域となっている。タイやインドネシアでは、最近10年間における
商業銀行貸出の伸び率は二桁台、時には年率20% を超える状況となってい
る。またサービス産業の拡大により、それを支える金融サービス業も拡大し

図表6－1　地域別に見た中間所得層人口の推計（100万人、％）

	2009年		2020年		2030年	
	人数	割合	人数	割合	人数	割合
北米	338	18%	333	10%	322	7％
欧州	664	36%	703	22%	680	14%
中南米	181	10%	251	8％	313	6％
アジア太平洋	525	28%	1,740	54%	3,228	66%
サブサハラ・アフリカ	32	2％	57	2％	107	2％
中東・北アフリカ	105	6％	165	5％	234	5％
全世界	1,845	100%	3,249	100%	4,884	100%

（注）中間所得層は1日10〜100ドルで生活する者で定義。
（出所）OECD "The Emerging Middle Class in Developing Countries" January
　　　 2010より野村資本市場研究所作成

ていくことが予想される。

　第二に、中間所得層の増加である[1]。OECDの予測によれば、2020年には
アジア太平洋地域の中間所得層人口は17.4億人に達し、世界の中間所得層の
過半を超えることが予想されている（図表6－1）。また、プライスウォー
タークーパーズの予測によれば、アジア太平洋地域のマスアフルエント層
（保有資産額1家計あたり10万ドルから100万ドル）の資産額は2012年から倍
増し、2020年までに43兆ドルとなる見通しである（図表6－2）。ASEAN
の主要国では、所得格差の問題は抱えながらもマスとして中間所得層家計の
数が増加することにより、消費が勃興するとともに、金融ニーズが多様化
し、また貯蓄・個人金融資産の蓄積が進むことになろう。そうなれば、銀行
預金だけでなく、保険やクレジットカードを保有したり、有価証券や投資信
託によって資産形成・資産運用を行う投資家層も形成されるなど、個人向け
の金融サービス業の多様化と発展の余地も出てくることになる。

　第三に、ASEANが社会インフラの整備資金を依然として大量に必要とし

1　神山哲也「ASEAN投資信託市場の現状と課題」『野村資本市場クォータリー』2013
　年春号など参照

図表6-2　地域別に見た世界のマスアフルエント層の資産拡大

2012年

地域	資産額(兆ドル)	シェア
北米	13.7	23%
欧州	22.8	38%
アジア太平洋	20.5	34%
南米	2.1	4%
アフリカ	0.4	1%
合計	59.5	100%

2020年

地域	資産額(兆ドル)	シェア
北米	20.1	20%
欧州	31.6	31%
アジア太平洋	43.3	43%
南米	4.5	4%
アフリカ	0.9	1%
合計	100.4	100%

（注）マスアフルエント層は、資産額10万～100万ドルの個人。
（出所）PwC, "Asset Management 2020 : A Brave New World"（2014年）より野村資本市場研究所作成

ているという点である[2]。アジア開発銀行研究所（ADBI）によれば、2010年から2020年までにアジア諸国で必要とされるインフラ投資額は総額8.5兆ドルに達すると推計されており、うちASEANは約1.1兆ドルを占めている（図表6-3）。旺盛なインフラ需要に対応するためには、公債を発行して公共事業として実施するか、国際開発金融機関やODAあるいは民間部門の資金・ノウハウを導入するかという選択肢があり、ともに可能性はあるが、ASEAN諸国が財政赤字を拡大しすぎることなく経済成長を加速するには、民間資金の活用が不可欠と考えられる。

　一方で、ASEANにおける金融サービス業の成長可能性を見るときには、いくつかの点に留意する必要がある。

　例えば、ASEAN各国の経済力や所得には、依然として格差があることである。ASEAN主要国の1人当たりGDP（購買力平価ベース）を、日本の

---

[2] ADBI Working Paper Series, "Estimating Demand for Infrastructure in Energy, Transport, Telecommunications, Water and Sanitation in Asia and the Pacific: 2010-2020", September 2010、OECD, "Infrastructure to 2030 : Telecom, Land Transport, Water and Electricity", June 2006、北野陽平「アジアにおけるインフラファイナンスの現状と今後の展望」『野村資本市場クォータリー』2015年冬号など参照。

図表 6 - 3　アジアのインフラ投資必要額（2010〜2020年）の国・地域別内訳

国・地域別

	投資必要額 （億ドル）	構成比	投資必要額の 対 GDP 比率
中国	43,676	53%	5 %
インド	21,725	26%	11%
ASEAN	10,946	13%	−
インドネシア	4,503	5 %	6 %
マレーシア	1,881	2 %	7 %
タイ	1,729	2 %	5 %
フィリピン	1,271	2 %	6 %
ベトナム	1,097	1 %	8 %
その他	464	1 %	−
その他アジア諸国	5,878	7 %	−
合計	82,225	100%	7 %

（注）上記数値にはクロスボーダーのプロジェクト（ADBI は既計画分で0.3兆
　　　ドルと推計）は含まれない。その他アジア諸国には、大洋州諸国も含まれる。
（出所）アジア開発銀行研究所より野村資本市場研究所作成

　成長過程に照らしてマッピングすると、シンガポールは別格としても、マレーシアとベトナムの間には日本経済の歴史で言えば20年分に相当する大きな差がある（図表 6 - 4 ）。また、今後数年間も、各国間の「順位」は変わらないことが予想される（雁行形態型経済発展モデルが継続する）。とはいえ、各国とも順調に所得水準は向上することが予想されており、この数年で各国の経済の姿はさらに大きく変貌していく可能性が高い。

　また、ASEAN 諸国の中で最大の人口規模を持つインドネシア、フィリピン、ベトナムでは、金融機関に口座を保有している国民の比率が30% 未満と非常に低く、金融包摂（Financial Inclusion）の観点で、大きく立ち後れているという状況もある（図表 6 - 5 ）。当該 3 カ国では、インフラ整備と金融教育・国民貯蓄の促進が大きな課題となろう。

第 6 章　アジアの金融センターとASEANの資本市場　155

図表6－4　日本の一人当たりGDPの推移とアジア諸国の相対的位置

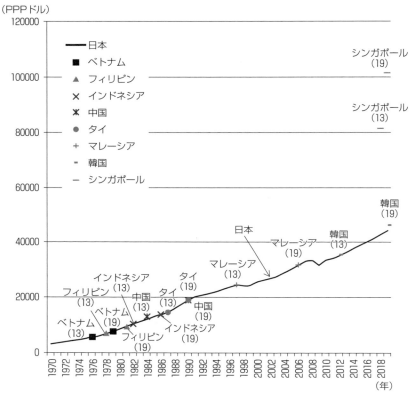

（注）アジア各国の（13）は2013年、（19）は2019年における一人当たりGDP（購買力平価PPPベース）を示す。各国の2019年の予測値、日本の2014年以降の予測はIMFによる。
（出所）IMF・OECDのデータより野村資本市場研究所作成

　ただし、こうした状況も、視点を変えればASEANにおける金融サービス業の「伸びしろ」が巨大であることを示唆しており、ASEANでは当面の間、金融サービス業が成長産業となっていく可能性が高いと考えられよう。

図表6－5　金融包摂・金融アクセス指数の各国比較

	シンガポール	マレーシア	タイ	フィリピン	インドネシア	ベトナム
金融機関口座保有率（％）	98.22	66.17	72.67	26.56	19.58	21.37
成人10万人当たり銀行支店	9.76	19.91	11.77	8.13	9.59	3.18
成人10万人当たりATM台数	58.12	52.94	84.16	19.31	36.47	21.16
成人1000人当たり預金口座	NA	2305.31	1468.1	497.57	708.12	NA
成人1000人当たり個人預金口座	NA	NA	1438.67	NA	672.97	NA
成人1000人当たりローン件数	NA	725.22	357.93	NA	225.89	NA
成人1000人当たり個人ローン件数	NA	688.54	342.49	NA	222.93	NA

	日本	中国	韓国	インド
金融機関口座保有率（％）	96.42	63.82	93.05	35.23
成人10万人当たり銀行支店	33.92	7.72	18.41	11.38
成人10万人当たりATM台数	127.78	37.51	NA	11.21
成人1000人当たり預金口座	7284.93	35.89	4884.75	1042.48
成人1000人当たり個人預金口座	7093.43	NA	NA	892.49
成人1000人当たりローン件数	170.36	NA	NA	151.06
成人1000人当たり個人ローン件数	151.11	846.74	NA	23.54

（注）「金融機関口座保有率」は15歳以上人口で銀行・信用組合など正式な金融機関に口座を保有している人口の比率（世界銀行 Global Findex 2011より）。その他のデータは IMF Financial Access Survey（2012）。
（出所）世界銀行、IMF より野村資本市場研究所作成

Ⅱ　アジアの金融センター：市場型金融の拡大がカギを握る

(1)　金融センターの条件

　今後、世界経済におけるアジアのプレゼンスが向上し、域内金融サービス業が拡大してくると、金融取引・金融機関の集積地がそのまま金融センターとなっていく可能性がある。実際、アジア諸国では経済規模の大小を問わず、産業振興政策の一環として、金融センター機能の強化を目指す動きが活

第6章　アジアの金融センターとASEANの資本市場　157

図表6－6　金融センターの類型

		資金調達主体	
		内	外
資金運用主体	内	①	②
	外	③	④

（出所）野村資本市場研究所作成

発化している。

　ここで、ある国の経済成長、金融ビジネスの発展、金融センター形成の関係を整理しておくと、一般的には、国内の実物経済の発展に合わせて、まず国内の資金調達ニーズと運用資金をつなぐ主体としての金融ビジネスが成長し（図表6－6の①）、次にその国の成長性が諸外国に認知されるにつれ、対内金融取引を仲介する金融ビジネスが成長すると考えられる（同②）。さらに、実体経済が成熟する段階で、国内金融資産の蓄積が進めば、対外投資を仲介する金融ビジネスが拡大することになり（同③）、あるいは外・外の金融取引を仲介できる金融の専門人材・スキルの蓄積が実現することになろう（同④）[3]。

　実際に、日本では、上記の①から②へと、実物経済の発展に牽引される形で、もしくは経済成長を後押しするような形で金融ビジネスが拡大したといえよう。しかし、最近再び議論が活発化している東京の国際金融センター構想では、③あるいは④の要素を持つ金融センターの構築に重きを置いているようにも見える。

⑵　金融センターとしてのシンガポール

　一方、日本を除くアジアの状況を見ると、まず、国内の実物経済の規模が限定的なシンガポールでは、自国の産業の成長に寄与する金融という役割は小さく、タイプ④のオフショア金融センターとして成長してきたといえ

3　淵田康之「再論・日本市場の競争力と国際金融センター構想」『野村資本市場クォータリー』2007年冬号、同「アジアの金融競争力」『野村資本市場クォータリー』2013年春号など参照。

る[4]。しかし、近年のシンガポールは、資金運用主体サイドの集積に注力し、あるいはソブリン・ウェルス・ファンド（シンガポール政府投資公社GIC）の運用において資産運用会社を積極的に活用することで、関連産業や専門人材を集めつつあり、ウェルス・マネジメント・センター、ファンド・マネジメント・センターとしての性格を強めている。また、ASEAN経済共同体構想によって、シンガポールがアセアン域内の実体経済の資金調達を担い、①や②の要素も兼ね備えた金融センターとなっていく大きな契機となる可能性もある。

ただし、シンガポールの金融セクターは、銀行・間接金融部門への依存度が大きく、株式・債券市場の規模は小さい。例えば、シンガポール取引所の上場企業の株式時価総額合計は、日本の上場企業株式時価総額の約1／6、中国（上海取引所＋深圳取引所）の約1／5、香港の約1／4、インドの約1／3にとどまっている。また、シンガポールの社債市場の残高は、2012年末時点で約890億米ドルと、ASEAN諸国の中では比較的残高は大きいものの、日本や中国、韓国の社債発行残高と比べ圧倒的に少ない。

今日、国際金融センターの要件として強調されるのは、伝統的な預金・貸出や保険の引受ではなく、証券やデリバティブの取引であろう。東京がニューヨーク、ロンドンと比肩する国際金融センターとしての評価を得ていない理由も、市場型金融の拠点形成が十分でなかったからといえる。こうした状況を考えると、シンガポールの金融センターとしての地位確立の行方も、市場型金融の発展に大きく左右される可能性が高い。

(3) 中国のプレゼンスとアジアの金融センター

また、今後のASEANにおける金融センター形成においては中国、具体的には①人民元の国際化と②上海の金融センター化が大きな影響を与えることとなろう。

前者に関しては、クロスボーダー貿易取引における人民元建て決済が、

---

4 野村資本市場研究所「シンガポールにおける金融ビジネスの立地競争力に関する調査報告書」2014年3月（金融庁委託調査）参照（http://www.fsa.go.jp/common/about/research/20140627-2.html）。

第6章　アジアの金融センターとASEANの資本市場　**159**

2009年に一部地域・企業向けに試行運用開始された後、段階的な拡大を経て、2012年に事実上解禁された。また同時期に、人民元と日本円などとの間でドルを介さない為替の直接取引も始まった。さらに中国政府は、2011年10月に人民元建て対内直接投資を解禁する一方、RQFII（人民元適格外国機関投資家）制度による投資限度額の認可を通じて、オフショア市場で調達した人民元を限定的ながら中国本土の株式・債券に投資できるルートを拓くなど、非居住者による人民元取引の範囲を徐々に拡げている。

　中国政府は、2008年のリーマンショックに端を発した世界的金融危機の後、ドル依存からの脱却を図る意図もあって、人民元の国際化を加速させてきた。また、習近平政権は、金利の市場化を引き続き進めることや、為替レートの双方向の変動許容幅を広げ、資本勘定における人民元の交換性向上を図るといった指針を出しており、多くの改革対象分野の中で、人民元の国際化に向けた取り組みが最も着実に進められていると言っても過言ではない。

　上記のような政府の後押しと、拡大する中国経済・貿易を背景に、世界各国でオフショア人民元センターとしての地位向上を目指す動きが顕著になっている。中央銀行を通じて人民元を融通する通貨スワップ協定を結んだ国が13カ国・地域に達している他（2014年末現在）、2014年には韓国、オーストリア、英国、ドイツ、フランスなどが首脳会談・訪問などを通じて①人民元クリアリング銀行の設置、②直接交換取引、③RQFIIの投資限度額割り当ての三項目を軸とする合意に至るなど、一種の市場間競争の様相を呈している[5]。さらに、英国は、2014年9月の英中経済・金融対話の後、同10月に英財務省による人民元建て債券発行を実施している（香港を含む中国以外で初、外貨準備にも採用）。

　現時点では、オフショア人民元の預金や債券市場における香港の地位は依然として大きいものの、人民元の自由化・国際化が進むことを前提に、シンガポールやソウル（韓国）などが競い合うように国際金融ハブを目指していることは注目されるべきであろう。

　一方、中国政府は、2013年9月に、行政・投資・貿易・金融に関し、中国

5　関根栄一「日中首脳会談の実現と日中金融協力の課題」『野村資本市場クォータリー』2015年冬号参照。

全国に先駆けた改革を試行するための特別地域として上海自由貿易試験区（FTZ）を設立した。FTZ を通じた規制緩和は、今までのところ、貿易・文化関係を中心に展開されているが、今後は、金融サービス関連での実験として、クロスボーダーの資金移動の緩和と、国内外の金融機関の FTZ への進出規制の緩和が戦略的に取り組まれる予定である。

　各種の実験は、今後、上海の国際金融センター化に寄与していく可能性がある。というのは、外国人投資家が対中投資に参画し、より多くの外国の証券・資産運用会社が進出することは、上海が国際金融センターとしての条件を満たしていくことにつながるからである。また仮に、上海 FTZ の狙いが順調に実現しないとしても、人民元取引が、証券投資よりも実需に基づくものを中心とするならば、貿易・産業の中心地である上海に人民元金融ビジネスが集積するのは必然ともいえ、上海のアジアの金融センターとしての地位向上はかなりの蓋然性で進むことになる。逆に言えば、実需に近いとはいえ上海に立地条件で劣る香港や、非実需型の金融取引への依存度が高いシンガポールの地位は相対的に低下する可能性がある。

(4)　イスラム金融とアジアの金融センター

　今後のアジアの金融センター形成に影響を持ち得るもうひとつの要因は、拡大するイスラム経済圏あるいはイスラム金融の行方である。

　世界のイスラム金融の市場規模は、2013年末に約1.7兆米ドルとなり、2014年中に 2 兆米ドルを超えるとみられている[6]。中でも目立つのは、スクーク（イスラム債券）市場の拡大で、世界金融危機以降、約30％の年平均成長率で急拡大している（図表 6 - 7 ）。

　このスクーク市場の拡大を梃子に、新たな国際金融センターの形成を目指しているのがマレーシアである。直近数年間におけるグローバルベースのスクーク発行額のうち、マレーシアは70% 前後の圧倒的なシェアを常に占めている。マレーシアが世界最大級のスクーク市場を築き上げた要因には、マ

6　Islamic Finance Information Services（IFIS）による。ベディ・グンタ・ラクマン「スクーク（イスラム債券）の種類と日系企業による発行事例」『野村資本市場クォータリー』2014年秋号など参照。

図表6－7　スクーク発行額（グローバル）の推移

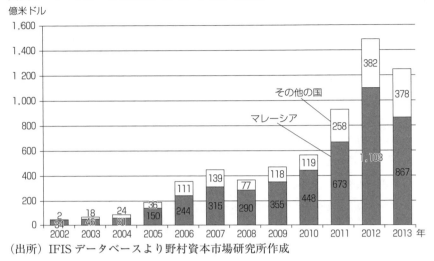

（出所）IFISデータベースより野村資本市場研究所作成

スタープランなどに基づく長期的な政府の支援、中東の金融機関がスクークの発行体あるいは投資家として進出したこと、インフラ整備の資金調達への活用、国内外のスクーク市場の育成を念頭に置いたソブリン・スクークの発行などがあげられる。

　もちろん、スクーク市場はコンベンショナルな債券市場に比べ絶対的な規模の点でまだまだ小さく、タカフル（イスラム保険）市場も同様である。しかし、①グローバルにイスラム教国の人口・経済成長率が高くなってきていること、②またイスラム教徒人口で世界最大のインドネシアがASEAN域内にあり、実際にマレーシアのノウハウが移転することでインドネシアでイスラム金融が普及しはじめたこと、③従来は所得・貯蓄が低すぎて金融業の顧客になり得なかったASEANのイスラム教徒が今後は中間所得層に仲間入りして金融サービスのユーザーになっていくことなどの諸条件を考えると、将来のアジアにおけるイスラム金融の重要性が高まっていくことは間違いない。また、利子を禁止するイスラム金融は銀行よりも証券あるいは投資ファンドとの親和性が高いといえ、イスラム金融の発展は、基本的にASEANの資本市場の発展に寄与するものともいえる。欧州において、ロンドンがイ

図表6−8　ASEAN10ヶ国のマクロ経済指標（予測）

	名目GDP（10億米ドル）			一人当たりGDP（米ドル）			人口（100万人）		
	2009年	2014年	2019年	2009年	2014年	2019年	2009年	2014年	2019年
インドネシア	538.6	856.1	1230.9	2298.8	3404.0	4559.8	234.3	251.5	269.9
タイ	263.7	380.5	493.3	3943.1	5550.3	7047.5	66.9	68.6	70.0
マレーシア	202.3	336.9	535.8	7203.3	11062.0	16170.3	28.1	30.5	33.1
シンガポール	192.4	307.1	369.1	38577.0	56113.0	65701.8	5.0	5.5	5.6
フィリピン	168.5	289.7	517.3	1851.5	2913.3	4711.9	91.0	99.4	109.8
ベトナム	101.6	187.8	281.4	1181.4	2072.7	2947.6	86.0	90.6	95.5
ミャンマー	38.1	65.3	111.9	771.6	1269.8	2097.2	49.3	51.4	53.4
ブルネイ	10.7	17.4	19.8	28237.5	42239.3	44351.8	0.4	0.4	0.4
カンボジア	10.4	16.9	26.3	736.3	1103.5	1593.6	14.1	15.3	16.5
ラオス	5.6	11.7	18.7	890.6	1697.1	2473.2	6.3	6.9	7.6
ASEAN	1531.9	2469.4	3604.5	2634.9	3982.4	5446.2	581.4	620.1	661.8
日本	5035.1	4769.8	5433.4	39321.2	37539.6	43504.1	128.1	127.1	124.9

（出所）IMF, "World Economic Outlook Database, October 2014" を基に野村資本市場研究所作成。2014年、2019年はIMFの推計値。

スラム金融の誘致あるいはイスラム金融との（規制上の）調和を目指しているのは、国際金融センターの競争力決定要因のひとつにイスラム金融が浮上していることの表れといえよう。

■ 第2節

ASEAN の資本市場

I　高まるアセアンの存在感

まず、マクロ経済面での ASEAN のポテンシャルを改めて確認してお

第6章　アジアの金融センターとASEANの資本市場　163

く[7]。IMF の推計による2014年現在とおよそ 5 年後の人口、GDP 規模のデータを見ると（図表 6 - 8）。ASEAN10ヶ国の合計人口は現在 6 億人を超え、2019年までには6.6億人に達することが予想される。経済成長予測も順調であり、それに伴って所得水準は急速に伸び、一人当たり GDP は2019年に5000ドルを超え、2009年から倍増することになると見られる。

マクロ的な人口・経済規模では、やはりインドネシアの存在感が10ヶ国の中でひときわ高い。これはひとえに約2.7億人に達することが予想される人口規模によるものだが、今後インドネシアが順調な経済成長を遂げられるのかが注目されよう。人口という点では、フィリピンの人口が2019年には 1 億人を突破することと、ベトナムの人口もその頃には 1 億人に迫ることは注目される。また、名目 GDP 規模では、マレーシア、フィリピンの今後数年の伸びが高く、2019年までにタイの GDP を追い越すことが予想されていることは注目に値しよう。

Ⅱ　直接金融拡大が期待される ASEAN の金融構造

ASEAN の金融システムは伝統的に銀行（間接金融）を中心にしており、証券市場（直接金融）は決して大きくない。しかし、それは ASEAN の金融仲介機能の中で間接金融への依存度が高いという意味とはやや異なっている。アジア各国の金融システムにおける間接金融・直接金融のバランス構造を把握するために、間接金融の規模を示す指標として国内与信残高対 GDP 比率、直接金融の規模を示す指標として上場企業株式時価総額対 GDP 比率をとり、散布図を作成するとともに2001年と2011年の変化を見る（図表 6 - 9）。すると、シンガポールとマレーシアでは株式市場の時価総額対 GDP比が高く、米国や英国などに近い金融構造となっていることがわかる。一方で、タイとベトナムは、直接金融の指標もプラス方向にあるものの基本は銀行依存型の金融構造であり、特にベトナムでは近年、急激な間接金融の拡大が起きていることがわかる。中国もこの 2 ヶ国とやや似た構造になってい

7　林宏美「アセアンの域内金融統合に向けて—公表されたブループリント「アセアン金融統合への道筋 」—」『野村資本市場クォータリー』2013年夏号など参照。

図表6-9 アジア諸国の金融構造変化

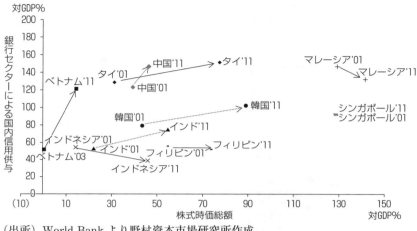

(出所) World Bank より野村資本市場研究所作成

る。逆に、フィリピン、インドネシアは間接金融への依存度が横ばいから低下という状況であり、銀行信用の拡充が求められている可能性が高い。

III 世界金融危機後も成長を続ける ASEAN の株式市場

　世界銀行のデータベースによれば、ASEAN 主要国（フロント5＋ベトナム）の株式市場時価総額は、アジア金融危機の際にいったん落ち込んだものの順調に回復・成長した（図表6-10）。2000年代の ASEAN 株式市場は、かつてのマレーシアに代わってシンガポールがリード役となり、インドネシア、フィリピンも加わる形で各国が競い合うように成長しているのが大きな特徴といえる。また、ASEAN の株式市場規模は、合計してもなお、中国・香港や日本よりも絶対額で劣るに一方で、2008年の世界金融危機の後に、欧米先進国や中国・香港の市場が乱高下しているのに対し、ASEAN は一貫して成長のモメンタムを維持している（図表6-11）。

　一方で、ASEAN 各国市場の上場企業数の推移を見ると、ここでも絶対数の点で先進国や中国・インドなどよりかなり少ないのが現状である（図表6-12）。しかも、インドネシア、ベトナムでは顕著な増加傾向があるのに対し、

図表6-10　ASEAN主要国の国内株式時価総額推移（10億ドル）

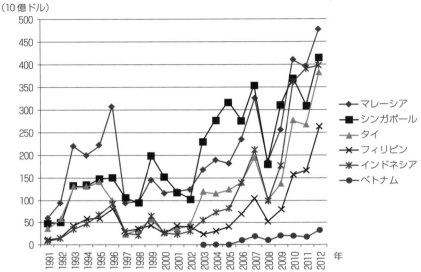

（出所）World Bankより野村資本市場研究所作成

図表6-11　世界主要国・地域の株式時価総額推移（10億ドル）

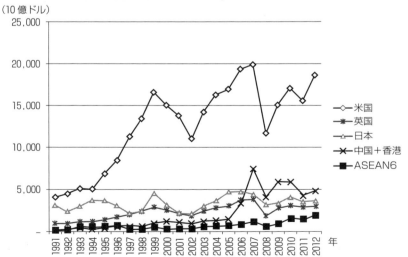

（出所）World Bankより野村資本市場研究所作成

図表6-12　各国株式市場の上場銘柄数推移

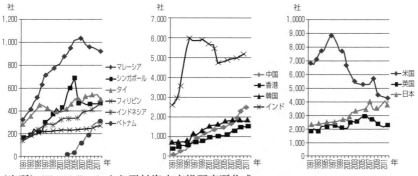

（出所）World Bank より野村資本市場研究所作成

他の4カ国では好調な経済環境にも関わらず上場企業数があまり増えていない。ASEAN全般に、産業界においては国営企業・華僑オーナー系企業の力が強く、ベンチャー起業やIPOがまださほど活発でないとされ、今後のさらなる株式市場の拡大にはIPOの活発化が課題となろう。一方で、国営企業の民営化が、適切な事業計画や情報開示プロセスの下で一種の投資促進キャンペーンとして実施されれば、市場活性化の起爆剤となる可能性もある。

ASEAN株式市場のもうひとつの課題は投資家層の拡大である。例えば、タイの個人投資家口座数は約44万で、成人人口（15歳以上）の0.8％に過ぎない（タイ証券取引所による）。また、インドネシアでは株式市場における個人投資家の口座数が34万口座余りしかなく（成人人口の約0.2％。中央証券預託機関による）、投資信託などに投資している人口を追加したとしても、いわゆる証券人口は100万人（成人人口の約0.5％）程度に過ぎないと言われている。逆に言えば、今後、ASEANで中間所得層が増大する中で、前述の民営化のほか、税制優遇などを付与した貯蓄・投資促進策などを講じることは、大きな効果を挙げる可能性があるといえよう。

Ⅳ　整備されつつあるASEANの債券市場

ASEAN主要国における現地通貨建て債券発行残高は2013年末に1.07兆ド

図表6－13　ASEAN主要国の現地通貨建て債券発行残高の推移

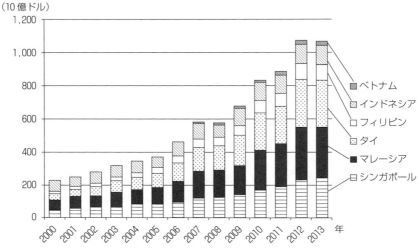

（出所）Asia Bonds Onlineより野村資本市場研究所作成

ルに達した（図表6－13）。ASEANの債券市場規模は、世界金融危機が発生した2008年と、米国の金融政策変更の影響などでエマージング通貨の下落が発生した2013年こそ前年比横ばいにとどまったものの、平均して年率約13％と経済成長率を上回る拡大が続いている。ASEANの債券発行残高に占める国債と社債の比率は、およそ7対3である（図表6－14）。日本との比較で言えば、社債市場の規模が比較的大きいといえるが、社債の発行体には政府系企業、公益企業が多く含まれている可能性もある。

　ASEANにおける近年の債券市場拡大の要因として、まず、インフラ整備・企業活動の活発化に伴い、資金調達ニーズが全般に増加した点が挙げられる[8]。また、各国の経済・財政ファンダメンタルズの改善により、ソブリン信用格付けが向上し、起債が容易もしくは可能になったと考えられる。さらに、現地通貨建て債券への投資により高金利と通貨の増価による収益を狙う海外投資家の需要が高まり、それが債券発行の促進につながった可能性もある。また、満期構成の長期化も進展しており、域内の政府や企業が債券で

---

[8] 北野陽平「発展するアジア現地通貨建て債券市場と課題」『野村資本市場クォータリー』2014年秋号参照。

図表6－14　ASEAN主要国の現地通貨建て債券発行残高：　国債・社債の内訳

	2013年末現地通貨建て債券発行残高（10億ドル）					
	国債		社債		合計	
マレーシア	182.4	58.5%	129.7	41.5%	312.1	100%
タイ	213.7	77.7%	61.5	22.3%	275.2	100%
シンガポール	149.6	61.4%	94.1	38.6%	243.7	100%
インドネシア	89.7	83.3%	17.9	16.7%	107.6	100%
フィリピン	87.3	86.8%	13.3	13.2%	100.7	100%
ベトナム	28.0	97.6%	0.7	2.4%	28.7	100%
合計	750.8	70.3%	317.1	29.7%	1,067.9	100%

（出所）Asia Bonds Online より野村資本市場研究所作成

の安定的な資金調達を行うことができるようになりつつある。

　一方、ASEAN の債券市場の課題としては、まずセカンダリー取引があまり活発でなく、流動性が足らないことがしばしば指摘されている。Asia Bonds Online による各国の売買回転率を見ると、特に社債の回転率が低くなっている。また、各国国債市場の売買スプレッドも日本や韓国と比較して大きい。

　もうひとつの課題として、流動性の問題と表裏一体といえる投資家の多様性が不足しているという問題も指摘される。その一方で、マレーシア、インドネシアなどの債券市場では海外投資家への依存度が徐々に高まっており、今後は域内・国内の投資家の裾野を拡大することも不可欠と考えられる。

　元来、2003年に開始されたアジア債券市場育成イニシアティブ（ABMI：Asian Bond Market Initiative）は、アジア通貨金融危機の反省に立って、ASEAN 諸国のソブリン及び金融セクターにおける通貨・満期構成の「ダブル・ミスマッチ」、すなわち、短期外貨資金を調達して国内で長期運用する構造を解消することを目指したものである。このミスマッチ改善のために、現地通貨建て債券によるアジア版のユーロマネー市場を育成し、日本などの豊富な貯蓄をアジア域内の投資に循環させることが構想された。実際に、ABMI は債券市場のインフラや制度整備に資するさまざまな取り組みを行

第6章　アジアの金融センターとASEANの資本市場　**169**

い、いくつかの成果を挙げてきたが、日本の投資家が活発にアセアンの発行体の債券に投資をする状況には至っていない。今後も、クロスボーダーの発行案件開拓と域内債券投資の促進が望まれるところであろう。

Ⅴ 「ASEAN・アセットクラス」形成とスタンダード確立への取り組み

(1) ASEAN資本市場フォーラムなどの取り組み

　上記でみたように、ASEANの資本市場は着実な成長拡大路線をたどっているが、規模や流動性、投資家層の広がりの点ではまだ未成熟な段階にとどまっていると言わざるを得ない。これらの課題を改善し、ASEANの市場型金融を押し上げるために期待されるのが、今後のASEANの資本市場統合の進展である。市場統合は、発行体のビジネス機会を広げる他、域内の資金配分を効率化し、特に長期性の資本調達を円滑にする可能性があり、また域外の投資家から見たときの「アセットクラス」としてのASEANに投資するインセンティブを高める効果が期待できるからである。

　実際、2015年末に発足が予定されるASEAN経済共同体構築の試みの中でも、資本市場統合に関するイニシアティブとして、加盟国の証券規制当局で構成するASEAN資本市場フォーラム（ASEAN Capital Markets Forum、ACMF）や、資本市場の発展に関するワーキング・コミッティ（Working Committee on Capital Markets Development、WCCMD）、支払決済システムに関するワーキング・コミッティ（WCPSS）などが設定され、重要な位置づけを持っている（図表 6 − 15）。また2013年 4 月には「ASEAN金融統合への道筋〜ASEANにおける金融業界の評価、および金融統合に向けた標石の公式化に関する合同調査」と題されたブループリントが公表され、各種の取り組みが加速されている状況である。

(2) ASEAN取引所構想

　証券市場関連の取り組みの中でもひときわ注目されるのが、ASEAN取引所（ASEAN Exchanges）構想と、「アセアン・トレーディング・リンク」

である[9]。

図表6－15　ASEAN 経済共同体構築に係る証券市場関連のイニシアティブ
（金融統合ブループリントにおける主な提言と動向）

主体	項目	概要
ACMF	ASEAN 開示基準スキーム	・域内共通の開示基準 ・当該基準で目論見書を作成すれば複数国で発行が可能 ・クロスボーダー発行に関する証券監督者国際機構（IOSCO）開示基準に基づく ・2013年4月にマレーシア、シンガポール、タイが採用
	マーケット専門家資格相互承認	・域内他国で認可されているマーケット専門家資格を迅速に承認することによってクロスボーダー投資を促す ・シンガポール、タイが採用
	ASEAN・コーポレート・ガバナンス・スコアカード	・上場企業のコーポレート・ガバナンス基準を引き上げ、グローバル投資家の認知度を高める ・インドネシア、マレーシア、フィリピン、シンガポール、タイ、ベトナムが参加 ・2013年5月以降、これまでに2回スコアカードの公表
	重複上場の迅速な検討	・参加調印した国の間で重複上場を申請する場合、通常よりも迅速なプロセスを可能とする ・マレーシア、シンガポール、タイが参加
	ASEAN・トレーディング・リンク	・ASEAN 各国の証券取引所を電子ネットワークで接続し、注文回送する取引リンク ・6カ国、7証券取引所が参加する ASEAN 取引所の取り組みのひとつ ・2012年にマレーシア、シンガポール、タイが参加して稼働
WC-CMD	ASEAN 債券市場発展スコアカード	・債券市場の発展度合い、開放性、流動性などの状況を評価

9　ASEAN 取引所構想については www.aseanexchanges.org 参照。ASEAN・トレーディング・リンクについては脚注6論文および林宏美「アセアン資本市場統合の最近の動向―アセアン・トレーディング・リンクの現状と課題―」『野村資本市場クォータリー』2014年秋号など参照。

第6章　アジアの金融センターとASEANの資本市場　171

WC-PSS	資本市場決済の域内インフラ確立	・資本市場決済の域内インフラ確立のためにさまざまな選択肢を調査し、2015年を目途にASEANに最適なシステム構築を目指す
WC-CAL	資本流入規制	・残存している資本流入規制を撤廃すべきである
	資本流出規制	・資本流出規制も早い段階で撤廃すべきである ・相互承認原則を通じてASEAN加盟国間での規制をまず撤廃、最終的にはすべての国々に対する規制を撤廃すべき

（注）2014年末までの情報に基づく。ACMF：ASEAN資本市場フォーラム、WC-CMD：資本市場の発展に関するワーキング・コミッティ、WC-PSS：支払決済システムに関するワーキング・コミッティ、WC-CAL：資本勘定自由化に関するワーキング・コミッティ

（出所）ADB & ASEAN "The Road to ASEAN Financial Integration"（April 2013）など各種資料を基に野村資本市場研究所作成

　ASEAN取引所構想は、ASEANの6ヶ国7証券取引所（マレーシア取引所、ハノイ証券取引所、ホーチミン証券取引所、インドネシア証券取引所、フィリピン証券取引所、タイ証券取引所、シンガポール取引所）が2011年4月にバリ（インドネシア）で締結した取引所間の提携関係である。

　一方、ASEAN・トレーディング・リンクは、2012年9月18日に稼働した各国証券取引所を電子ネットワークで結んで注文を回送するB2Bの取引リンクであり、ASEAN取引所構想の主要なイニシアティブの一つである。当初はマレーシア取引所とシンガポール取引所が接続、2012年10月にタイ証券取引所が参加して、現在3取引所が接続している。これまでのところ、株式売買代金やクロスボーダー取引が増加しているという証左は見いだしにくいが、参加取引所は、個人投資家向けロードショーの開催など共同のプロモーションに努めている。

　さらに、ASEAN取引所構想では、ASEANの資本市場や投資機会について投資家の認識を高めるべく、各証券取引所に上場する主要銘柄を「ASEAN・スターズ」というグループにまとめてインデックス化するなど、情報発信や新たな金融商品の開発に関する取り組みを進めている。「ASEAN・スターズ」とは、ASEAN取引所構想参加取引所が、時価総額

および流動性の観点で選んだ各国の主要30銘柄 から構成される合計180銘柄のことを指し、銘柄の概要や取引情報などが ASEAN 取引所のウェブサイトに掲載されているほか、2014年5月から英国 FTSE インターナショナル社が FTSE ASEAN・スターズ指数を公表している。

(3) ASEAN 開示基準スキーム

　ASEAN 開示基準スキームは、発行時開示の共通化の取り組みで、ASEAN 域内の複数の国々でクロスボーダーの証券を発行する発行体が作成する目論見書が、ASEAN 資本市場フォーラムが策定したスキームに基づくものであれば、販売先となる国ごとに目論見書を作成することが不要になるというものである。

　2013年4月には、まず国内証券市場が比較的大きいマレーシア、シンガポール、タイの証券規制当局が、ASEAN 開示基準スキームを自国に導入する決定をした。今後も環境が整備された加盟国から、順次 ASEAN 開示基準を採用することが想定されている。

　ASEAN 開示基準は、株式版のスタンダードと債券版のスタンダードに分かれており、クロスボーダー発行に関する証券監督者国際機構（IOSCO）開示基準に基づいている[10]。ASEAN 開示基準の導入によって、発行体は追加的なコストをかけずに、域内における資金調達機会にシームレスなアクセスが可能になるうえ、投資家による投資判断もしやすくなると考えられる。一方で、ABMF も債券発行時の情報開示を標準化・共通化する取り組みを進めてきた経緯があり、複数の「スタンダード」が並立してしまう可能性もでてきている[11]。

　上記2つの取り組みに代表されるように、ASEAN の資本市場統合は2015年末を目指して加速しており、今後は決済などの分野でも共通化・統合が進

10　具体的な内容は http://www.theacmf.org/ACMF/webcontent.php?content_id=00015 参照。
11　APEC（アジア太平洋経済協力）の一部加盟国が進めているアジア地域ファンド・パスポート構想（複数国で販売可能な投資信託などのファンドの認可あるいは登録制度）などでも同様の課題が指摘されている。岡田功太「アジアで複数の制度整備が進展するファンド・パスポート構想」『野村資本市場クォータリー』2014年夏号参照。

展することが期待されている。しかし、ASEAN の場合、EU とは違い、通貨や法制・税制などの統合を志向していないことに加え、資本市場統合のイニシアティブに積極的に参画しているのがマレーシアなど3カ国にとどまっていること、共通のシステム・市場インフラを整備したことが投資家誘致・育成に必ずしも結びついていないこと、開示などのスタンダードが乱立する懸念があることなどは課題といえよう。

Ⅴ　市場間競争という現実と日本

ASEAN の資本市場の将来を考える上で、ASEAN 加盟諸国の中には、独自に資本市場・金融サービス業の整備を進め、自国の競争力を高めようとする考え方も強く存在することに留意しなければならない。つまり、ASEAN 市場「統合」へ向けた取り組みと反作用するかのように、市場間「競争」も活発化している面がある。例えば、マレーシアやインドネシアには、所得水準で一段高い位置に立ち、金融機関その他のプレイヤーの規模も大きいシンガポールの資本市場が ASEAN の中で大きな求心力を持ってしまうことを恐れるムードがある。また、タイは経済・産業面で「メコン川流域のハブ」を目指しており、金融面でもミャンマーなど周辺国を巻き込んでバーツ経済圏を形成したいという目標を公言している。

ASEAN 各国が金融サービス業発展のためにマスタープランやさまざまな取り組みを行っているのも、金融システムの重要な機能を自国として強化したいという思いがあるからであろう。

実際の政策運営で各国のニーズが顕在化し、対立しやすいのは、金融規制、特に銀行規制である。もともと ASEAN 各国では、国内産業への金融における銀行への依存度が強いために、国内産業保護の観点から、銀行ライセンス規制、外国資本出資規制などが厳しく、しかも頻繁に変更されている。比較的最近まで外資による銀行への出資規制を緩やかにしていたインドネシアの当局が、国内第6位のダナモン銀行の株式がシンガポールの DBS 銀行に取得されそうになった2012年に突然、単一株主出資規制を強化して事実上 DBS の買収計画を排除してしまった例などは、周辺国に驚きを与えた。

こうした政策・規制の不確実性は、日本の金融機関にとっては、ASEANでのビジネス展開に大きな支障となる可能性があると指摘されている[12]。一方で日本は、金融規制改革や市場開放の点で先行的に経験を有している。例えば日本は、不良債権問題が深刻化していく最中で金融ビッグバンを実施し、外資参入自由化を完成させたわけだが、東京の国際金融センター化という点では、タイミングが遅すぎたといえる。また、外資参入が、国内経済に打撃を与えたかといえばそうではなく、むしろ金融再編や不良債権処理を促進する効果もあった。何より、金利以外での競争を迫られる投資銀行分野などでは、外資・国内の金融機関が入り乱れて提案力と執行力を競い合うようになり、結果として国内企業をはじめとする顧客・ユーザー側が大きなメリットを受けたといえる。日本の市場関係者は、こうした経験と教訓をアセアン諸国に伝えていくことができよう。

　いずれにせよ、ASEANが、統合と競争というやや矛盾したニーズを抱える中で、今後どのような資本市場の発展段階に進んでいくのかが注目される。

12　例えば、金融庁が2013年に開催した官民ラウンドテーブル（http://www.fsa.go.jp/singi/kan-min/index.html）で公表した調査「我が国企業・金融機関の国際展開の拡充について」など参照。

第7章

ASEAN 金融センターとしての
シンガポールと日本の
金融センターのあり方

第1節
中国経済の減速と高まる ASEAN の存在感

　アジア地域の経済成長が呼ばれて久しいが、近年は中国経済の減速が市場関係者の間では非常に重要なテーマとなっている。1978年に改革開放政策が導入されて以降、2003年から2007年まで5年連続で二桁成長を実現する等、中国はアジア経済全体の成長を牽引してきた。ところが、近年は人件費の高騰や人口ボーナス期の終焉（労働力人口が2015-2020年に増加から減少へと転じる見込み）、リーマンショック後の世界的な景気減速に対応した大型財政出動の反動によるオーバーキャパシティ問題、先進諸国の経済低迷に伴う外需の減速等、従来の輸出・投資主導型の成長路線が明確に行き詰りつつある。内需主導型経済への転換の必要性が高まる中で発足した周近平政権は、2013年11月の三中全会にて「改革の全面的深化」を掲げ、過去の成長モデルからの脱却を図るために金融システム改革や汚職撲滅等の構造改革を推し進める政策を進めている。その一方で、経済成長は多少犠牲になっている側面もあり、本稿執筆時点の2014年12月時点では2014年は7.5％の目標成長率の達成が危うい状況となっており、更に2015年の成長率は7％程度にまで落ち込む見通しとなっている。

図表7－1　中国労働力人口の推移と変化見通し

（出所）世界銀行データに基づき作成

図表7−2　中国のオーバーキャパシティ：固定資産投資総額と固定資本形成の違い

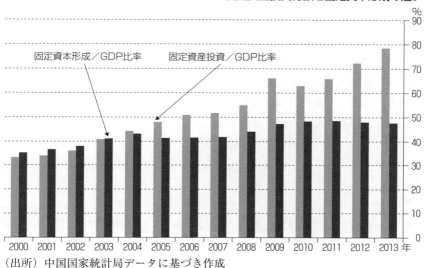

（出所）中国国家統計局データに基づき作成

図表7−3　減速傾向にある中国の成長

（出所）中国国家統計局データに基づき作成

かかる状況下、これまで中国に主に生産拠点として進出してきた各国企業、中でも尖閣諸島をめぐる問題等で日中関係が悪化したことも影響した日本企業は、近年、より安価な労働力や最終消費市場としての将来性、政治体制や商慣行上の親和性等を評価して、タイやインドネシア、ベトナム等のASEAN地域への投資を積極化している。ASEANは人口動態の面では若い労働力が豊富で、また消費が大きく伸びていることから最終消費市場としての魅力も高い。また日本企業にとっては欧米型の資本主義・市場経済システムとの高い融和性や、親日的な国柄が多いことも手伝い、進出先地域としての人気が高い。さらにはミャンマー等のフロンティア地域が新たに市場経済化を進める等、将来性も高く評価されている。

図表7－4　日本の対外直接投資（国際収支ベース、ネット、フロー）

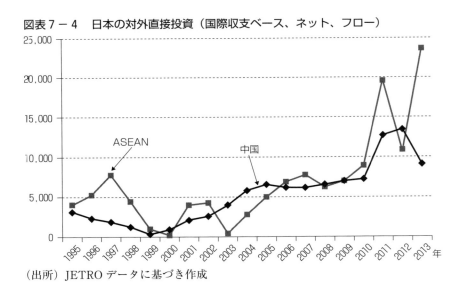

（出所）JETROデータに基づき作成

　一方、ASEANは複数の文化慣習の異なる地域の集合体であるため、地域内の経済活動は地域統括拠点を設立することで効率的に管理遂行することができる。事実、ASEANに進出済みの日系企業の多くは地域統括センターとしてシンガポール拠点を有しているケースが多く、企業活動上重要な役割を果たしている場合も多い。

シンガポールは都市国家であり、国土面積や天然資源が極めて限られることから、経済政策上は土地当りの生産性を高める工夫を重ねてきた歴史を持つ。広大な敷地面積を必要とする工場や倉庫は現在も国内の一部に集積地はあるものの、シンガポールの中心的産業には金融サービスや医療、観光、IT等といった、土地当り付加価値の高いサービス業が多い。特に金融については、キャピタルゲイン課税や相続税等を免除することで証券ビジネスや富裕層向け金融ビジネスを戦略的に支援しているほか、国際金融センターとしての地位を確立すべく、通貨庁（Monetary Authority of Singapore）をはじめとする各種行政機関が国際的に金融センター・シンガポールのプロモーションを行っている。また、地域経済のハブ拠点としての魅力を高める工夫もなされており、港湾や空港等のインフラ整備を積極的に行っているほか、アジア地域統括会社や海運業者には優遇税制も導入している。

　本章では、今後のアジア経済においてASEANの重要性が高まることを踏まえて、日本がアジア及びASEANの経済成長を金融面で取り込む可能性を探る。世界的な国際金融センターとしての地位を確立しつつあるシンガポールの事例を参考に、東京に対する金融センターとしての国際的な評価や、東京が持つ強みと弱みを国内金融取引の集積機能の側面と、クロスボーダー型の金融ハブ機能の側面から分析する。また、今後の日本の金融センターのあり方について考察し、実務家の立場から政策提言を行う。東京の国際金融センター構想についてはこれまでも幾度となく提唱されており、90年代以降の円の国際化にもさかのぼるテーマであるが、直近では舛添東京都知事の下で改めて提唱された東京国際金融センター構想が新しい。本稿ではアジアの金融実務界における東京に対する評価が実際には香港やシンガポールに比べて低い点に焦点を当て、東京の国際金融センター化が今なお実現できていない要因を実務的見地から探ると共に、東京以外の日本の都市・地域に新たな金融センターを設ける等の代替的発想も含めたフレキシブルかつ現実的な考察を心掛ける。

■ 第2節

ASEAN 地域統括センターとしての
シンガポールの重要性

　ASEAN への企業進出が加速する中、グローバル企業にとっては戦略的な
地域統括センターとしてのシンガポール拠点の重要性が高まっている。元々
ASEAN は1967年、ベトナム戦争時に米国支援の下で組成された反共地域連
合であり、地域の平和と安全保障が当時の主目的であったが、東西冷戦終結
後はその目的が経済統合へと変わり、2015年より正式に ASEAN 経済共同
体へと移行する。中国の台頭に伴い、ASEAN 加盟国の間で中国に配慮せざ
るを得ない立場の国とそうでない立場の国との間で足並みが揃わないケース
等も見受けられるが、基本的には現在も政治・経済面での最も重要な戦略的
共同体として機能しており、地域内での自由貿易協定や関税削減、通関手続
きの簡素化等、人的・物的資本の往来は原則的に自由化され経済統合に向け
て着実に歩を進めている状況にある。しかし、タイ、インドネシア、マレー
シア、フィリピン、ブルネイ、あるいはベトナムやカンボジア、ミャンマ
ー、ラオスと多種多様な政治経済体制、所得水準、歴史・文化を有する多民
族地域であることには変わりなく、そのためビジネスの現場では国によって
異なる商慣行や市場特性、消費性向に応じたフレキシブルな対応を求められ
るケースが多い。かかる問題に対応する上では、地理的なアクセスが容易
で、且つ地域全体を統括し易い情報・物流・交通インフラが確保されている
シンガポールの重要性はグローバル企業に取って非常に高いものとなってい
る。

＜シンガポールに地域統括拠点を置くメリット＞
・ASEAN の中心に位置する地理的優位性
・先進国であり、グローバルスタンダードに照らしても充実している各種イ
　ンフラ

・英語圏であり、教育水準も高いことから現地採用でグローバル人材を確保
　しやすい
・駐在員及び家族にとっての生活水準の高さ
・政治の安定と各種法制度の透明性
・税務上のメリット
・ASEAN 金融センターとしての地位が確立されており、域内の財務・資本
　取引の一元管理がし易い
・各種国際機関やグローバル金融機関の多くが進出しており、政治経済面で
　の情報集約性が高い

■ 第3節 ■

シンガポールの経済政策①：
土地当り生産性の追求

　シンガポールは先述の通り、国土面積が小さく天然資源も乏しい都市国家
である。またその成り立ちには近隣諸国との争いの歴史や、欧米列強諸国の
植民地政策に翻弄された歴史を有する。英国領マレー連邦から正式に独立し
た1965年以来、シンガポールの首相は現在までに3名。合理的なトップダウ
ン政治を可能とする体制を安定的に維持することは、小国が生き延びるため
の防衛上の観点からも経済上の観点からも理に適っている。物理的に国力を
争う状況となってはひとたまりもないという危機意識が高い次元で共有され
ているため、国民からも現政治体制に対する信任は相対的に高い。
　独立当初のシンガポールは、1人当たり GNP が320米ドルにも満たない
発展途上国であった。60年代には繊維産業や玩具等の労働集約型産業に依存
していたが、シンガポール政府は土地当り付加価値の生産性を重視し、70年
代にはコンピューター部品や周辺機器の加工組み立て、80年代にはシリコン
ウエハー製造や IC 設計、また90年代以降は金融・医療・IT 等のサービス産
業やバイオメディカル産業と、時代ごとにバリューチェーンのハイエンドに
シフトすることに成功してきた。また貿易ハブとしての経済発展も重視さ

第7章　ASEAN金融センターとしてのシンガポールと日本の金融センターのあり方　183

れ、港湾やハブ空港等の物流インフラを整備したほか、近年では自由貿易協定（FTA）をアジア各国と積極的に締結し、アジア地域の統括センターとして物流・商流を一括管理する役割を果たしている。その一方で、土地あたり生産性が低くなりがちな農業セクターが経済に占める割合はほぼゼロとなっており、相当に輸入依存度の高い経済構造ともなっている。従って輸入購買力を高位安定維持することは国益にも繋がっており、通貨政策は名目実効為替レートで年率1－2％程度の上昇バイアスを維持する方針となっている。ともすれば輸出競争力を高める為に通貨安政策を採用しがちな日本とは明確な違いが表れているポイントであり、特にアベノミクスの影響を受けたここ数年のSGD/JPY相場は中長期的に安定した上昇トレンドにある。なお、自助努力による生産性の改善に限界がある労働集約的産業は、土地も広大で安価な労働力も有するインドネシアやマレーシア等の近隣諸国へ自然と移転が促進されている。

図表7－5　ASEAN地域の基礎データ

国名	人口 （百万人）	国土面積 （平方km）	名目GDP （億ドル）	一人当たり GDP	時価総額・ GDP比率	売買高・ GDP比率
ブルネイ	0.4	5,270	170	41,127		
カンボジア	14.9	176,520	140	944		
インドネシア	246.9	1,811,570	8,780	3,557	45.2	10.4
ラオス	6.6	230,800	94	1,417		
マレーシア	29.2	328,550	3,050	10,432	156.2	40.8
ミャンマー	52.8	653,290	0			
フィリピン	96.7	298,170	2,502	2,587	105.6	13.9
シンガポール	5.3	700	2,765	52,052	149.8	56.6
タイ	66.8	510,890	3,660	5,480	104.7	62.7
ベトナム	88.8	310,070	1,558	1,755	21.1	2.2

（出所）　2013年世界銀行データに基づき作成

図表7－6　経済構造比較（すべて対GDP比）

国名	政府支出	資本形成	消費	輸出	輸入	農業	産業	（内製造業）	サービス
ブルネイ	17.3	13.6	18.9	81.4	31.2	0.7	71.1		28.2
カンボジア						35.6	24.3	(16.0)	40.1
インドネシア	8.9	36.0	56.6	24.3	25.8	14.4	46.9	(23.9)	38.6
ラオス	11.5	31.9	68.9	36.2	48.4	28.0	36.2	(8.4)	35.8
マレーシア	13.5	25.8	48.9	87.1	75.3	10.1	40.8	(24.2)	49.1
ミャンマー									
フィリピン	10.5	18.5	74.2	30.8	34..0	11.8	31.1	(20.5)	57.1
シンガポール	9.7	27.0	41.2	200.7	178.5	0.0	26.7	(20.7)	73.2
タイ	13.6	29.7	55.5	75.0	73.8	12.3	43.6	(34.0)	44.2
ベトナム	5.9	27.2	63.3	80.0	76.5	19.7	38.6	(17.4)	41.7

（出所）　2013年世界銀行データに基づき作成

図表7－7　シンガポールドルの名目実効為替レートの推移

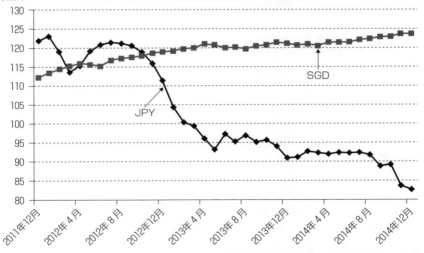

（出所）2011-2014年のJPモルガンの名目実効為替レート指数に基づき作成、月次ベース

図表7-8　安定した上昇トレンドにあるSGD/JPY

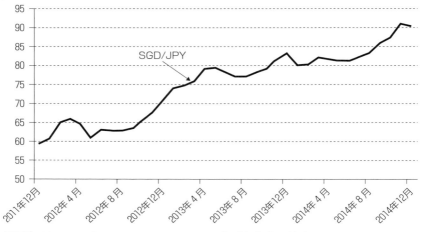

(出所) 2011-2014年のBloombergデータに基づき作成、月次ベース

第4節

シンガポールの経済政策②：外国資本の有効活用

　シンガポールは外国資本の導入を積極的に行ってきた。外国資本による事業所有に関しては、国防関連や公共事業、メディア等を除いて原則制限はなく、出資比率に関しても全額出資が可能となっている。事実、金融や流通、製造業を中心にこれまで多額の直接投資を受け入れており、直近の対内直接投資額でみるとそのGDP比率は20%を超える（2013年時点）。アジアの他国と比較しても非常に大きな割合を外国資本が占めている経済構造となっており、アジア随一のオープンエコノミーとも言える。

　なお、外国人による土地所有に関しては個人・企業を問わずかなり制限されている。限られた国土の有効活用を目的に、元々全国土の6割近くが国有地となっており、民間による土地の取得も市場の需要や政府の政策意向に基づき、原則政府主導で行われる。中でも外国人及び外国企業については、土

地付き戸建ての所有がごく一部の地域を除いて禁止され、また国籍離脱者や永住権返上の外国人、或いは相続により宅地・戸建て住宅を取得した外国人は離脱・返上或いは相続から一定期間内の所有宅地・戸建て住宅の売却を義務付けられている。

図表7－9　アジア各国の対内直接投資/GDP比率

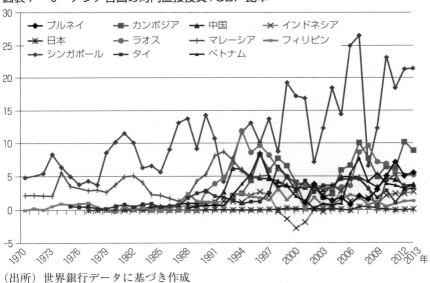

（出所）世界銀行データに基づき作成

第5節
国際金融センターとしてのシンガポール

　シンガポールはまた、世界有数でアジア随一の国際金融センターである。Z/Yen 社がロンドン市の協力の下で発行しているグローバル金融センターインデックス（"GFCI"）の最新版（2014年9月）によると、シンガポールはニューヨーク、ロンドン、香港に次ぐ世界4位の金融センターとなっている。GFCIは金融実務家のアンケートと経済データや市場データ、及びインフラ整備度合やビジネス環境インデックス等の統計に基づいて算出されてお

り、筆者も定期的にアンケートに回答しているが、ファンドマネージャーや
インベストメントバンカー、エコノミスト等の市場関係者及び金融実務家の
間では一定の評価を受けているソースである。客観的データに基づき、且つ
金融実務家の実感にも一致した比較的フェアなランキングであると言えよ
う。ここ数年、ニューヨークとロンドン、香港とシンガポールの上位４都市
は同じ顔ぶれとなっており、またトップ４対５位以下の差も例年大きい。な
お、東京は直近のランキングでは５位のサンフランシスコに次いで１ポイン
ト差の６位となっているが、そのスコアを基準にみると、４位のシンガポー
ルとの差が28ポイントある。この28ポイントは東京よりも下位の都市と比較
すると、20位にランクする上海との差に相当しており、トップ４と５位以下
の差がいかに開いているかが分かる。

図表 7 −10　国際金融センターランキング上位20都市

	GFCI16（2014/ 9 ）		GFCI15（2014/ 3 ）		変動	
	ランク	スコア	ランク	スコア	ランク	スコア
ニューヨーク	1	778	1	786	0	− 8
ロンドン	2	777	2	784	0	− 7
香港	3	756	3	761	0	− 5
シンガポール	4	746	4	751	0	− 5
サンフランシスコ	5	719	10	711	5	8
東京	6	718	6	722	0	− 4
チューリッヒ	7	717	5	730	− 2	−13
ソウル	8	715	7	718	− 1	− 3
ボストン	9	705	8	715	− 1	−10
ワシントン DC	10	704	13	706	3	− 2
トロント	11	703	14	705	3	− 2
シカゴ	12	702	15	704	3	− 2
ジュネーヴ	13	701	9	713	− 4	−12
バンクーバー	14	700	17	698	3	2
ルクセンブルグ	15	697	12	707	− 3	−10
フランクフルト	16	695	11	709	− 5	−14
ドバイ	17	694	29	684	12	10
モントリオール	18	693	16	699	− 2	− 6
アブダビ	19	692	32	678	13	14
上海	20	690	20	695	0	− 5

（出所）　Z/Yen The Global Financial Centres Index 16

＜GFCI ランキングの算出方法＞

　Z/Yen 社の GFCI ランキングは大きく分けて、第三者機関による統計的データに基づき算定される Instrumental Factors と、金融実務界によるアンケート形式の Financial Centre Assessments の２つに基づいて算定される。統計スコアの Instrumental Factors は、「ビジネス環境」、「金融センターの発展度合」、「インフラ整備」、「人的資本」、「レピュテーションその他一般要素」の５つの項目・105のファクターについて、世界83都市を評価して算出される。評価対象となる105のファクターのうち、相対的に重要度の高いファクターには「高度専門性を有する人材の確保のし易さ」や「規制環境」、「外国の金融市場へのアクセスのし易さ」、「ビジネスインフラの整備度合」、「顧客へのアクセス」等が含まれる。算定は EIU（Economic Intelligence Unit）の Global Digital Economy Ranking や Institutional Environment Rating、国際連合の Telecommunication Infrastructure Index、世界銀行の Ease of Doing Business Index、World Economic Forum の IT Industry Competitiveness Survey 等の外部指標に基づいて統計的に実施される。一方の Financial Centre Assessments は、金融実務家によるオンラインアンケート調査結果に基づき評価される。回答者は馴染みのある都市に対してのみ回答することを前提とし、2014年９月版の回答実績は回答者数で3,633名、回答数で29,226件に上る。

■ 第6節

首都機能型金融センターと
クロスボーダーハブ型金融センターの違い

　国際金融センターと一口に言っても、実際には様々なタイプの都市が含まれており、「国際金融センター」という言葉の定義自体も明確な基準はない。そこで、本稿では金融センターが果たす機能面に着目し、「首都機能タイプ」と「クロスボーダーハブタイプ」とに分けて分析する。「首都機能タイプ」と言うのは、その都市が自国の経済活動を金融面でサポートすることで金融センター化しているケースを指す。GFCIのランキングで見ると、ニューヨークや東京、ソウル、トロント、フランクフルト、上海と言った都市が該当する。これらの都市に共通するのは、自国の言語及び商慣習に基づき、主に自国の金融取引を集積処理する場所として機能していることが挙げられる。国自体の経済規模が大きくなると、必然的に集積する金融取引の規模も大きくなるため、金融センターとしてのスケール感は大きくなるものの、機能としては基本的には自国経済の金融インフラの範疇にある。一方の「クロスボーダーハブタイプ」と言うのは、内―外、或いは外―外の金融取引を決済するハブとして機能しているケースを指し、ロンドン、香港、シンガポール、チューリッヒ、ルクセンブルグ等が該当する。なお、ロンドンは英国の金融首都としての機能と、大陸欧州やユーロドル市場、ユーロ円市場等も含めたユーロ資本市場全体のクロスボーダー金融機能の両方を有している数少ない金融センターである。一方ニューヨークは、世界有数の国際都市であり、ウォール街には世界各国からプレーヤーが集まっているため非常に国際的な金融センターではあるものの、実際の機能としては米国の金融取引を集積処理する金融首都としての色合いが強い。ちなみにアジアではマレーシアのクアラルンプールが、イスラム金融センターとしての地位を確立することができれば、自国経済の首都機能とイスラム諸国のクロスボーダー金融機能の両方を有することになる。

第7節
アジア勢からの評価が低い東京

　GFCIでは各都市への評価について、回答者の所属地域分布も公表しているが、東京に対する評価の特徴の一つにアジア勢からの評価が例年低いことが挙げられる。香港やシンガポールに対する評価はアジア地域からも概ね高い評価を受けているが、東京の場合は米州地域からの評価が高い一方で、アジア地域からの評価は全地域の中で最も低くなっている。筆者の実感として、香港やシンガポールに拠点を置く金融マンは必ずしもアジア人が多いわけではなく、人種構成はかなり多種多様である。しかしその大多数が職務内容としてはアジアの金融ビジネスに携わっていることから、東京に対するアジア勢の評価の低さはアジアの金融ビジネスにおける東京のプレゼンスの低さを表していると考えられる。アジアの金融ビジネスを行う上で、香港やシンガポールでなく敢えて東京に拠点を置くインセンティブは実務界の回答者は今のところ感じていないのが実態と言えよう。

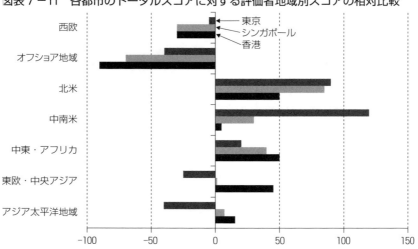

図表7－11　各都市のトータルスコアに対する評価者地域別スコアの相対比較

（出所）Z/Yen The Global Financial Centres Index 16

■ 第8節
都市総合力インデックスに見る東京の弱点

　GFCI の金融センターランキングは、都市の総合力を図る各種指標との相関も高い。KPMG が算出する City Global Image や、IMD の World Competitiveness Scoreboard 等がよく知られるが、本邦でも森記念財団都市戦略研究所が発表する Global Power City Index（以下 "GPCI"）が GFCI との相関が高い。GPCI では経済、R&D、文化、居住、環境、交通の分野で世界の都市力をスコア化しており、アクター別ランキングとして、経営者、研究者、アーティスト、観光者、生活者の 5 タイプからどう評価されているかも分析している。

　GPCI における東京に対する評価のうち、シンガポールと比べて特に低い項目はアクター別の経営者からの評価である。シンガポールに対する経営者評価は40都市中 2 位である一方で、東京に対するそれは 9 位となっている。東京は市場の規模が非常に大きく、経済集積や人的集積の面でも世界有数の都市であるものの、その弱点は法規制や市場の魅力とされており、特にビジネスの容易性や成長性の面での評価が低い。インフラは既に整っているが、成長が見込めない、ビジネスが容易でない都市であるという現実の評価を踏まえると、果たして東京がアジアの成長を取り込む金融センターになりうるのかを今一度考えるべきであろう。一方のシンガポールは、対照的にビジネスの成長性の項目で高い評価を受けている。先述の通り、シンガポール自体は都市国家で国内経済の規模は極めて小さいが、今後もアジア地域全体の成長を取り込める都市だとみられていればこその高い評価と言える。

第 7 章　ASEAN金融センターとしてのシンガポールと日本の金融センターのあり方　193

図表7－12 【GPCI-2014】分野別スコア及びランキング

順位	総合スコア		経済		研究・開発	
1	London	1,485.8	Tokyo	345.9	New York	223.2
2	New York	1,362.8	New York	312.8	Tokyo	155.7
3	Paris	1,292.4	Beijing	309.5	London	149.4
4	Tokyo	1,276.1	London	307.7	Los Angeles	134.8
5	Singapore	1,138.6	Hong Kong	267.7	Boston	118.4
6	Seoul	1,117.8	Singapore	265.9	Seoul	111.6
7	Amsterdam	1,055.5	Shanghai	252.7	Paris	111.5
8	Berlin	1,054.9	Zurich	246.7	Singapore	107.1
9	Hong Kong	1,012.8	Sydney	239.5	Chicago	93.4
10	Vienna	1,004.3	Toronto	239.2	San Francisco	84.9
11	Frankfurt	988.1	Seoul	237.4	Osaka	79.8
12	Zurich	973.8	Paris	233.4	Hong Kong	78.1
13	Sydney	968.7	Washington, D.C.	229.1	Washington, D.C.	68.3
14	Beijing	960.3	Vancouver	226.4	Sydney	64.7
15	Shanghai	958.3	Stockholm	222.3	Shanghai	63.1
16	Stockholm	954.3	Geneva	221.5	Berlin	62.5
17	Toronto	938.5	Copenhagen	215.4	Toronto	56.4
18	Copenhagen	921.7	Amsterdam	214.9	Taipei	54.5
19	Madrid	914.8	Berlin	210.3	Moscow	53.5
20	Los Angeles	912.0	Frankfurt	206.8	Stockholm	52.3
21	Istanbul	901.2	Istanbul	198.1	Beijing	51.4
22	Vancouver	894.1	Osaka	192.4	Zurich	50.9
23	Brussels	884.6	Taipei	191.2	Amsterdam	46.0
24	Washington, D.C.	884.4	San Francisco	189.9	Vancouver	41.9
25	Milan	874.3	Kuala Lumpur	188.0	Vienna	40.0
26	Osaka	872.5	Boston	187.4	Fukuoka	39.7
27	Barcelona	869.3	Vienna	186.5	Geneva	39.0
28	Geneva	860.4	Brussels	185.0	Frankfurt	35.1
29	Bangkok	851.0	Chicago	184.5	Brussels	34.9
30	Boston	846.7	Los Angeles	175.7	Istanbul	34.1
31	Chicago	840.9	Moscow	173.5	Copenhagen	33.5
32	San Francisco	832.0	Bangkok	170.5	Madrid	30.9
33	Taipei	816.3	Sao Paulo	168.1	Barcelona	29.2
34	Kuala Lumpur	786.7	Fukuoka	166.2	Bangkok	27.4
35	Moscow	760.3	Madrid	160.8	Kuala Lumpur	26.2
36	Fukuoka	747.4	Mexico City	160.0	Milan	25.7
37	Mexico City	711.7	Milan	154.4	Sao Paulo	17.4
38	Sao Paulo	692.8	Barcelona	145.5	Mexico City	11.0
39	Mumbai	615.3	Mumbai	133.6	Mumbai	10.8
40	Cairo	537.5	Cairo	101.1	Cairo	3.2

（出所）森記念財団　都市戦略研究所

文化・交流		居住		環境		交通・アクセス	
London	347.2	Paris	307.1	Geneva	205.8	London	248.5
New York	260.9	Vancouver	290.7	Stockholm	198.9	Paris	234.6
Paris	243.3	Berlin	288.5	Zurich	196.9	Amsterdam	222.9
Singapore	188.1	Vienna	285.7	Frankfurt	194.5	Frankfurt	217.9
Berlin	160.6	Barcelona	280.8	Singapore	190.5	Seoul	213.8
Tokyo	159.8	Geneva	276.0	Vienna	189.5	Hong Kong	209.2
Beijing	158.7	Zurich	275.4	London	189.0	New York	204.8
Vienna	154.6	Amsterdam	274.2	Copenhagen	183.3	Singapore	191.4
Istanbul	152.4	Milan	273.1	Tokyo	180.9	Istanbul	187.3
Sydney	150.2	Stockholm	273.1	Berlin	179.9	Tokyo	175.8
Los Angeles	145.7	Madrid	272.4	Seoul	175.3	Shanghai	175.5
Seoul	142.2	Osaka	267.9	Madrid	171.6	Bangkok	157.8
Brussels	137.4	Copenhagen	267.8	Amsterdam	167.2	Milan	157.7
Barcelona	133.9	Toronto	267.5	Sydney	164.8	Madrid	157.5
Amsterdam	130.4	Fukuoka	263.7	Sao Paulo	164.4	Brussels	154.8
Bangkok	124.4	Frankfurt	260.0	Paris	162.5	Barcelona	154.2
Madrid	121.6	Tokyo	257.9	Washington, D.C.	161.0	Berlin	153.1
Moscow	117.5	Taipei	255.8	Milan	157.5	Moscow	150.1
Shanghai	117.3	Shanghai	250.1	Hong Kong	157.1	Taipei	149.5
Mexico City	112.4	Brussels	247.9	Los Angeles	152.2	Vienna	148.0
Chicago	109.4	London	244.0	Bangkok	151.7	Copenhagen	142.2
Milan	105.9	Kuala Lumpur	243.5	Fukuoka	150.2	Toronto	139.9
Washington, D.C.	100.1	Seoul	237.5	Vancouver	148.0	Zurich	137.6
Toronto	98.3	Beijing	228.5	San Francisco	145.5	Chicago	136.7
San Francisco	97.6	Mumbai	227.1	New York	145.1	Kuala Lumpur	134.7
Hong Kong	96.6	Istanbul	222.3	Toronto	137.3	Boston	131.9
Stockholm	90.0	Sydney	219.8	Boston	137.0	Beijing	130.5
Boston	79.5	Bangkok	219.2	Taipei	134.4	Sydney	129.7
Copenhagen	79.4	New York	216.0	Kuala Lumpur	132.9	Osaka	129.0
Osaka	74.1	Washington, D.C.	214.0	Osaka	129.2	Stockholm	117.7
Frankfurt	73.9	Mexico City	212.5	Barcelona	125.7	San Francisco	116.0
Vancouver	73.7	Sao Paulo	206.3	Brussels	124.7	Vancouver	113.4
Sao Paulo	68.9	Chicago	204.0	Chicago	112.4	Washington, D.C.	111.9
Zurich	66.4	Hong Kong	204.2	Mumbai	107.3	Cairo	110.9
Kuala Lumpur	61.4	Los Angeles	198.8	Istanbul	106.9	Mexico City	109.2
Cairo	57.1	San Francisco	198.1	Mexico City	106.7	Los Angeles	104.7
Mumbai	47.6	Singapore	195.6	Shanghai	99.5	Fukuoka	103.5
Geneva	31.9	Boston	192.5	Moscow	98.3	Mumbai	88.9
Taipei	30.9	Cairo	183.4	Cairo	81.7	Geneva	86.2
Fukuoka	24.1	Moscow	167.4	Beijing	81.7	Sao Paulo	67.6

第7章　ASEAN金融センターとしてのシンガポールと日本の金融センターのあり方　195

図表 7 −13 【GPCI-2014】アクター別スコア及びランキング

順位	経営者		研究者		アーティスト	
1	London	58.1	New York	65.1	Paris	56.6
2	Singapore	55.8	Tokyo	51.4	London	52.6
3	Hong Kong	51.2	London	51.1	New York	51.9
4	Beijing	48.2	Paris	45.9	Berlin	49.6
5	Shanghai	47.9	Los Angeles	40.2	Vienna	48.6
6	New York	47.4	Boston	37.2	Amsterdam	45.8
7	Istanbul	47.1	Seoul	35.2	Los Angeles	45.7
8	Paris	47.0	San Francisco	35.1	Tokyo	45.6
9	Tokyo	46.6	Singapore	34.5	Barcelona	44.1
10	Toronto	45.7	Washington, D.C.	32.9	Beijing	43.2
11	Seoul	44.9	Chicago	30.6	Madrid	42.2
12	Vancouver	43.9	Sydney	29.7	Washington, D.C.	40.1
13	Kuala Lumpur	43.4	Osaka	29.0	Milan	39.4
14	Amsterdam	42.5	Beijing	28.9	Mexico City	39.1
15	Stockholm	42.3	Berlin	28.6	Chicago	39.0
16	Berlin	42.2	Hong Kong	26.4	Vancouver	38.0
17	Zurich	41.8	Vancouver	25.8	Shanghai	38.0
18	Taipei	40.9	Zurich	25.5	Toronto	38.0
19	Vienna	40.8	Stockholm	25.3	Frankfurt	37.3
20	Sydney	40.2	Vienna	25.0	Copenhagen	36.8
21	Copenhagen	39.9	Moscow	24.7	Stockholm	36.8
22	Geneva	38.7	Toronto	24.4	Brussels	36.4
23	Frankfurt	38.0	Amsterdam	23.7	Istanbul	35.6
24	Boston	37.4	Geneva	22.6	Bangkok	35.5
25	Bangkok	37.2	Copenhagen	22.6	Osaka	34.2
26	Brussels	36.9	Frankfurt	20.6	Sydney	33.8
27	Washington, D.C.	35.8	Milan	20.1	Sao Paulo	33.2
28	Osaka	34.6	Fukuoka	19.8	Cairo	32.9
29	Madrid	34.4	Shanghai	19.7	Fukuoka	32.7
30	Barcelona	33.6	Taipei	19.4	San Francisco	32.6
31	Milan	33.5	Madrid	19.2	Mumbai	32.5
32	Chicago	33.1	Istanbul	18.8	Moscow	32.0
33	Fukuoka	32.6	Brussels	18.3	Kuala Lumpur	31.7
34	San Francisco	31.5	Mexico City	18.1	Zurich	31.4
35	Los Angeles	31.2	Bangkok	17.2	Seoul	31.4
36	Mumbai	29.8	Barcelona	16.1	Boston	30.8
37	Sao Paulo	28.5	Kuala Lumpur	15.6	Taipei	27.7
38	Moscow	27.1	Sao Paulo	15.4	Geneva	26.6
39	Mexico City	25.9	Mumbai	12.3	Singapore	20.0
40	Cairo	23.5	Cairo	9.2	Hong Kong	18.4

（出所）森記念財団　都市戦略研究所

観光客		生活者	
London	58.0	Paris	62.0
New York	53.6	London	54.9
Paris	51.1	New York	54.0
Istanbul	44.2	Zurich	52.2
Shanghai	43.8	Tokyo	51.8
Tokyo	42.8	Berlin	51.6
Beijing	41.4	Frankfurt	51.2
Barcelona	41.4	Vienna	50.9
Singapore	41.3	Washington, D.C.	49.1
Berlin	41.2	Stockholm	48.4
Bangkok	39.2	Amsterdam	47.0
Vienna	38.4	Milan	46.7
Amsterdam	38.3	Vancouver	46.3
Madrid	37.9	Geneva	46.0
Seoul	37.6	Copenhagen	46.0
Hong Kong	35.4	Madrid	45.7
Toronto	33.6	Boston	45.0
Brussels	33.1	Seoul	44.7
Milan	33.0	Osaka	44.5
Frankfurt	32.1	Hong Kong	44.3
Sydney	31.6	Toronto	43.8
Vancouver	30.9	San Francisco	43.5
Osaka	30.6	Sydney	43.5
Washington, D.C.	30.3	Barcelona	43.1
Mexico City	30.3	Beijing	42.8
Zurich	29.9	Brussels	42.5
Chicago	29.8	Shanghai	41.9
Boston	29.2	Fukuoka	41.6
Taipei	28.8	Singapore	41.5
San Francisco	28.7	Taipei	41.0
Copenhagen	28.5	Los Angeles	39.4
Stockholm	28.2	Chicago	38.2
Cairo	28.2	Moscow	37.1
Kuala Lumpur	27.9	Mexico City	33.8
Los Angeles	27.8	Bangkok	32.2
Moscow	24.9	Istanbul	32.2
Fukuoka	23.4	Sao Paulo	31.4
Mumbai	23.3	Kuala Lumpur	30.5
Geneva	21.6	Mumbai	27.3
Sao Paulo	19.5	Cairo	26.8

第 7 章　ASEAN金融センターとしてのシンガポールと日本の金融センターのあり方　**197**

図表 7 -14 【GPCI-2014】アジア主要都市のアクター要素別順位（世界40都市中）

アクター	アクター要素	対象都市			
		Bangkok	Beijing	Fukuoka	Hong Kong
経営者	1）企業や商取引等の一定以上の集積	15	7	39	10
	2）ビジネスの成長性	13	1	34	8
	3）ビジネスの容易性	16	37	23	1
	4）ビジネス環境	34	36	31	9
	5）人材プール（人材の豊富さ）	39	11	34	10
	6）関連サポート産業の集積	8	1	38	11
	7）家族及び従業員にとっての良好な環境	28	36	17	31
	8）政治・経済・災害リスク	32	33	1	19
研究者	1）質の高い研究機関・研究者・指導者の存在	31	10	31	8
	2）研究機関や研究者の集積	37	18	19	11
	3）研究活動における発想や思考に対して刺激となる空間・機会の存在	21	20	37	32
	4）研究者受入態勢（研究費助成や生活費補助など）	36	11	33	24
	5）自らの研究分野における就業機会	29	2	18	21
	6）日常生活の環境（住みやすさ）	30	37	17	23
アーティスト	1）文化的刺激	30	17	32	35
	2）アーティストの集積	34	15	38	37
	3）マーケットの存在	35	5	39	21
	4）創作環境（スタジオ、アトリエ賃料、広さなど）	6	3	11	38
	5）日常生活の環境（住みやすさ）	30	37	20	24
観光客	1）文化的魅力や接触機会	25	12	35	40
	2）安全	29	33	1	12
	3）観光の対象の存在（施設、文化等）	19	13	39	26
	4）一定水準以上の宿泊施設	7	2	40	9
	5）食事（選択肢や値段等）	13	33	38	26
	6）買物（環境や値段、魅力等）	11	7	40	17
	7）目的地までの移動の利便性（所要時間、運賃等）	16	21	36	9
生活者	1）購買環境（物価、商品の得やすさ等）	5	6	30	28
	2）生活環境（住環境などの日常の生活のしやすさ等）	28	39	20	26
	3）就業環境（収入、雇用機会等）	21	3	24	17
	4）教育環境	35	23	21	3
	5）余暇活動	24	18	37	33
	6）安全	30	31	7	9
	7）医療水準	40	32	17	30

（出所）森記念財団　都市戦略研究所

対象都市								
Kuala Lumpur	Mumbai	Osaka	Seoul	Shanghai	Singapore	Sydney	Taipei	Tokyo
24	16	13	6	8	5	27	38	1
4	5	40	20	3	6	14	12	39
17	40	23	14	37	2	11	4	26
35	40	18	6	22	10	27	30	5
36	35	16	7	20	3	6	27	4
14	19	28	9	3	10	13	16	7
29	39	23	26	32	21	12	27	10
24	39	1	26	28	21	34	18	21
31	31	12	21	31	11	16	25	14
35	39	7	3	17	6	16	13	1
28	35	31	19	30	4	17	38	7
39	38	22	12	14	16	4	26	3
30	33	12	14	32	22	13	31	1
32	38	12	21	31	18	25	29	5
39	33	31	27	28	26	25	38	7
40	28	36	32	16	33	23	39	17
36	34	15	10	23	24	29	38	4
2	4	16	32	5	40	26	18	30
31	39	16	22	33	21	23	29	9
39	33	34	31	27	38	32	37	15
35	37	2	23	30	16	25	10	8
35	37	28	6	29	4	15	40	8
10	14	32	11	1	5	12	15	13
34	30	14	27	10	7	28	31	1
10	3	34	14	1	35	32	27	20
24	40	31	6	15	7	28	27	11
3	1	31	17	7	39	21	9	36
37	35	15	6	36	7	19	30	2
36	25	15	8	6	22	16	34	1
36	38	10	11	9	4	17	20	8
32	39	36	29	34	20	13	38	16
32	36	1	23	27	19	25	20	11
38	39	24	27	35	36	25	18	21

■ 第9節 ■

東京の国際金融センター構想は時宜に適しているのか？―東京国際金融センター構想に欠如する国際標準の実務家視点―

　金融庁の有識者会議が発表した「金融・資本市場活性化に向けて重点的に取り組むべき事項（2013年12月提言、その後2014年6月に追加）」を皮切りに、2014年5月には東京圏が国家戦略特区に指定され、大和総研・日本経済研究センター・みずほ総合研究所のシンクタンク3社が共同提言「東京金融シティ構想の実現に向けて」を発表。東京都では「東京国際金融センター検討タスクフォース」が設置され会合を重ねる等、ここへきて東京国際金融センター構想が国内では官民一体となって動き始めている様に見える。

　東京の国際金融センター化構想自体は古くから存在したが、今なお実現はしていない。東京都の舛添知事も幾度となく、「シンガポールや香港、上海に先を越される東京の国際的地位の低下に高い危機感を持ち、2020年の東京オリンピックを機に東京を世界の金融センターにする」と意気込みを述べている。東京都のタスクフォースでは目指す金融センターのイメージを「世界中から資金と人材と情報を呼び込み、国内外の必要な分野に資金を供給する拠点」とした上で、

① 　海外の企業・人材が東京でビジネスをしやすい環境づくり
② 　国内外からの資金を、今後国内で成長が見込まれる分野へ呼び込む仕組みづくり
③ 　国内の金融資産を、預金中心から、その他金融商品への運用に広げるための仕組みづくり・商品開発
④ 　国際金融センターで活躍できる人材の育成

上記の4つを実現に向けた課題とし、これらの解決に向けて東京都、国、

民間が一体となって取り組むとしている。

　過去17年に渡り実務界にてアジアの資本市場のダイナミックな発展を目の当たりにしてきた筆者の率直な感覚としては、「なぜ今、敢えて東京なのか」を、金融センターのユーザーである投資家やバンカー等の金融実務家の視点、特にアジアのプレーヤーの視点から捉えた検証が不足しているところに大きな違和感を覚える。

　先述した通り、金融センターには国内経済の金融首都機能と、クロスボーダー取引のハブ機能がある。そして東京は既に、国内経済金融に関しては世界トップクラスにあると言える。世界有数の経済規模を誇る日本の金融首都として、東京では日本語で、日本の業界慣習に基づき、日々国内の金融取引が集積処理されている。一方で東京は、クロスボーダーハブ機能については弱い。日本人同士の金融取引はルール慣習が世界標準とは異なっており、英語や税制、法規制等、クロスボーダーハブ機能を東京に与えるには国内金融機能を維持する上で変えにくい側面もある。しかしアジア及びASEANの今後の経済発展に派生する取引ニーズ、例えばアジア域内のクロスボーダー取引等を取り込むために必要なインフラは、東京の様な国内型金融首都機能ではなく、むしろクロスボーダー型ハブ機能の方である。

　具体的には、例えば税務上のメリットのある、ファンド登記地としてのオフショアセンターを東京以外に作るのはどうか。現状ではアジアに投資する多くのファンドがケイマン籍やルクセンブルグ籍となっているが、実務上は欧米時間にファンドの運営管理業務が行われるため、アジアとの時差がオペレーションを難しくしている。また基準価額の算出クオリティも日本籍ファンドほど精緻ではない。日本が経済特区でアジアのオフショアセンターを作り、税務上のメリットも有し、アジア時間に日本人の精緻なオペレーションサービスを提供すれば、アジアに投資する相当数のオフショアファンドを取り込めるのではないか。その為には東京で税制を変えたり、或いは特区を作るよりも、アジアとの交流の歴史も長く文化風土面でも融和性が高いと思われる九州、沖縄等で新たにゼロからオフショアセンターを作る方が実現性は高いのではなかろうか。

　これまで世界各地で発展してきたオフショア金融センターと比較すると、

第7章　ASEAN金融センターとしてのシンガポールと日本の金融センターのあり方　201

沖縄が持つポテンシャルは特にアジア地域においては相当高いことが見えてくる。例えばファンドの登記地として沖縄がオフショアセンター化した場合、ファンド運営管理ビジネスに関連するITやオペレーション等のバックオフィス機能の集積が期待できよう。またこれまでは日本株運用のヘッジファンド等が、リサーチ等の実運用面では日本が有利であるものの、税務上の理由で致し方なくシンガポールや香港に拠点を移しているケースが多かった。沖縄が税務面で他の金融センターに対抗できれば、本来は日本にいた方が有利というケースではその多くを呼び込むことも可能だろう。また、沖縄ならばロケーション的にもアジア各国へのアクセスがし易く、時差もない。気候や土地風土の面では非常に魅力的なリゾート地でもあるため、国土が狭いシンガポールや香港よりもライフクオリティはかなり高い。インターナショナルスクールや最先端の医療機関、世界各国へ繋がるハブ空港等といった各種インフラを整備できれば、日本人に限らずアジア人や欧米人にも質の高い住環境をアピールできるだろう。

　東京はこれまでもグローバリゼーションの流れに合わせて金融機能も発展拡大させようとしてきたが、結果として、今も日本の国内金融首都機能に留まっている。そもそも東京は、ニューヨークになることは難しい。ニューヨークは世界最大の金融首都であるが、グローバルな集積を実現しているのは米国が世界経済の覇権国として、世界の金融ルールを主導できたという側面が強い。東京がニューヨークを目指すには日本が覇権国になるしかないが、これは都市経済の政策範疇を超えた議論である。

　東京がロンドンを目指すことも現実的ではないだろう。先述した通り、ロンドンにはイギリス国内の首都金融機能と、大陸欧州を含めたEU全体のクロスボーダーハブとしての機能がある。そしてロンドンが総合金融センターとして発展できた要因には、ロンドンが既に有していた国際プレゼンスと、EU統合のための規制緩和がある。東京がアジアのロンドンになるためには、先ずアジアの金融センターとしてのプレゼンスを高める必要がある。更に規制緩和の面では日本側が規制を緩和するだけでなく、中国やASEAN側も東京での金融決済、日本—アジア間の資本の出入りを緩和しなければならない。そのメリットが果たして今のアジアにあるのだろうか。先述した通

り、東京に対する金融センターとしての評価が、特にアジア勢の間で低いという現実は重い。

　今の日本では現実的には、東京がロンドンやニューヨークを目指すよりも、東京に欠如しているクロスボーダーハブ機能を、東京よりも制度を整えやすい別の都市につくることで発展できる余地の方が大きいのではないだろうか。中国でも上海が国内金融首都して発展しつつ、オフショアとの取引は香港で行うという共存共栄が模索されている。同様に、東京は引き続き日本経済を日本型金融の集積地として支える一方、新たなクロスボーダーハブは外─内、或いは外─外の取引を集積する場所として、アジアで金融ビジネスを展開する海外のプレーヤーに場所を提供してマージンを稼ぐ方が現実的で成功見込も高いのではないだろうか。

　シンガポールが1965年の独立以来、50年足らずで発展途上国から国際的な金融センターまで発展できた背景には、合理的なトップダウンを可能とする政治体制や、土地当りの生産性を追求する経済政策、外国資本を積極的に活用する対外開放性等、いくつもの要因がある。しかし、おそらくもっとも重要なポイントはシンガポールという都市国家の政策運営自体が極めてビジネスライクに行われていることだろう。金融センターというのは金融取引の集積地として機能するところに本質的な存在意義があるが、金融センターとして発展するためには、ビジネスを展開する取引主体にとってより魅力ある金融サービスを提供できなければならない。

　国際基準に基づく金融実務界の声、及び世界からの現実の評価を真摯に受け止めた上での民間感覚での議論を、政策当局者には期待したいところである。

第 **8** 章

オフショア市場と地域統合から
見た人民元国際化ロードマップ
の展開

■ 第1節

人民元為替の形成メカニズムと
その市場化改革

Ⅰ 人民元為替の形成メカニズム

　現在の中国人民元為替相場は、管理フロート制（Managed Float System）を採用している。世界の外国為替制度は、おおむね「変動制」と「固定制」、及びその中間にある「管理フロート制」の３つに分類される。管理フロート制は、管理変動為替相場制とも言え、固定制と変動制の間に位置づけられ、通貨当局の為替相場への介入を前提とする相場制である。当相場制の下では、為替レートの変動が、通貨当局によって定められた一定水準の変動幅に制限されている。

　2005年７月、中国当局は、ようやく人民元為替改革を行い、アメリカドルとリンクする固定相場制である人民元相場の管理フロート制を導入した。人民銀行は、次の三つのポイントを挙げている：

　　　１）中国当局の主動性とコントロール、

　　　２）通貨バスケット制の導入、

　　　３）切り上げの漸進性

　この中国式の管理フロート制については、BBC（Band、Basket、Crawling）と言う表現を用いて、次の３つの内容（特徴）にまとめられる。（注釈：ここでの BBC は、シンガポールで採用されている通貨「バスケット・バンド・クローリング（Band、Basket、Crawling）」方式とは合致していない。）

　Band とは変動幅のこと、いわゆる管理フロート制の下で、本来市場の需給に左右されるべき人民元レートの変動幅を一定の範囲内に制限すること。中国中央銀行の人民銀行が毎朝、現地時間の朝９時半に発表する中間値を基準値として、上下2.0％以内に一日の変動幅が定められている（2014年３月

より）。今後、人民元為替の市場化改革が継続的に深化されれば、この変動幅は拡大されていく。

Basket とは通貨バスケット制のことで、従来のアメリカドルのみならず、複数の通貨に対して連動させている。国際為替マーケットの急激な変動による国民経済への悪影響を最小限に抑制することのもう一つの目的である。

ただし、実際のオペレーションでは、やはりアメリカドルが中心となる。現在、人民元の通貨バスケットの中に、アメリカドル、日本円、EU ユーロ、韓国ウォン、シンガポールドル、イギリスポンド、マレーシアリンギット、ロシアルーブル、オーストラリアドル、タイバーツ、カナダドルという11の通貨が含まれているようであるが、それぞれの通貨の占める割合は発表されていない。

Crawling とは漸進性のこと、つまり人民元の切り上げは、一気に行うのではなく、徐々に改善していくことを指している。

中国当局は、過去の日本の教訓を真剣に吸収しており、急激な通貨切り上げを極力避けたいと考えているものと思われる。

Ⅱ 2005年以後の人民元為替改革の歩み

2005年の為替改革から2014年 6 月末まで、人民元対米ドルの基準値（中間値）が34.5％上昇、名目と実質有効レートは28.3％と36.6％上昇。2005年からの為替改革歩みは、図表 8 － 2 に示すように 6 段階に分けられる。

2005年 7 月21日に人民元が 1 ＄＝8.27元～8.11元に、一括2.1％切り上げ

図表 8 － 1　人民元通貨バスケットの 4 大構成内容

第一、　商品及びサービスの国際貿易はもっとも重要
第二、　外貨建ての国際債務による利子の構成
第三、　外国直接投資（FDI）による配当金の割合
第四、　経常勘定における一部無償移転項目

図表 8 - 2　人民元為替改革の歩み

	元相場特徴	変動幅
段階1	2005.7〜切り上げ、為替改革がスタート、ペッグ制⇒管理フロート制。 1＄＝8.27元から8.11元まで、一括2.1％切り上げ、2008年までに計19％切り上げ	元相場弾力化が開始、1日変動幅は0.3％
段階2	ペッグ制に一時戻り。 2008年の金融危機から再切り上げされるまで人民元為替の変動幅は縮小し、切り上げは一時停止された。	元相場弾力化が一時停止、6.82−6.84の区間を維持
段階3	再び管理フロート制に戻り。 2010年6月人民銀行により為替制度改革を再開してから、2011年9月まで人民元為替を引き上げ続けた。	元相場弾力化が拡大、1日変動幅は0.3％⇒0.5％
段階4	2011年9月〜2012年9月、上下の双方向の変動が始まり、そのうち二度にわたって大幅な引き下げが見られた。	
段階5	2012年9月〜2014年2月、再び人民元の一方的引き上げが発生した。	元相場弾力化が拡大、2012年4月から2014年2月まで1日変動幅は0.5％⇒1％
段階6	2014年〜今まで。3月に為替変動幅に対する制限を緩和してから人民元為替は一方的な引き上げから上下に変動することが常態化しつつある。これは人民元為替が新しい段階に入ることを意味している。	元相場弾力化が拡大、2014年から1日変動幅は1％⇒2％

されてから、2008年にリーマンショックが発生するまでに、合計19％のアップとなった。

　世界金融危機の影響により、2008年9月〜2010年6月の間に、中国当局は、再び人民元為替相場をアメリカドルとリンクさせたペッグ制を用い、1＄＝6.82〜6.84元に固定させた。

　経済回復に伴って、中国は、2010年6月より、管理フロート制を復活させた。今回は、人民元為替相場の弾力化を強調し、毎日変動幅を金融危機前の

0.3％から0.5％に拡大させ、さらに2012年4月と2014年3月からは、毎日変動幅をそれぞれ1％と2％までに拡大した。

注意しなければならないのは、2011年9月〜2012年9月の間、人民元の為替は上下の双方向に変動し、さらに二度にわたって大幅の引き下げを見せたことである。同じく、2014年2月下旬から3月にかけて、為替変動幅に対する制限を緩和してからは、人民元為替は一方的の引き上げから、上下に変動することが常態化しつつある。これは人民元為替が、新しい段階に入ったことを意味している。

現在、人民元為替レートは、上下変動の双方向という「新常態」になっている。

Ⅲ　人民元為替の市場化改革

1　今後人民元為替の新しい方向—上下に変動する

8年間の切り上げを経て、特に2010年6月に、人民銀行が為替制度改革を再開してからは、人民元為替のドルに対する一方的な引き上げは終わった。

中国国内では、現在、人民元のドルに対する為替レートは徐々に均衡状態に近づいているという認識が多い。今後、為替レートの変動幅がさらに拡大されれば、為替の変動は、上下を送り返すことが常態化する可能性が大きい。

為替形成のメカニズムは、理論的に購買力平価説、利子率説、国際収支説、資産市場説などが存在するが、中国のGDPに占める貿易収支の割合が均衡になりつつあるため、以前のような国際貿易収支による為替に対する圧力はもはや主要な原因ではない。

しかし、2015年には、ドルの値上がり、中国経済の減速、人民銀行による更なる利下げなどの主要因により、人民元は為替改革以来最も強い値下げの圧力に晒されることになるであろう。ただし、USDCNHとUSDCNYとの関係が明確であるため、当面は、人民元の決定権は、中国国内にあると思われる。

2 為替の市場化の最大ネックは国内利子率の自由化の問題

人民元の市場化は、資本の自由化の前提条件である。すなわち、資本勘定を開放させるためには、まず人民元為替の市場化を推し進める必要がある。

中国と国際市場の間には、大きな金利差が存在している（約３％以上）が、中国は、現在、金利自由化への改革を強化している。最近、中国人民銀行は預金金利の制限幅を拡大するとともに、基準金利の制限を緩和した。これらは、2013年７月の貸付金利規制の緩和、2013年12月の銀行間市場に於ける大口譲渡預金業務の認可に続き、中国為替市場の改革の大きな一歩となった。さらに2015年はじめに、預金保険制度を設立する見込みである。ドイツ銀行は、中国は2016年末までに金利自由化への改革を終了させる可能性があると予測している。

3 為替改革は一番容易な改革であるのか

2014年11月の中国人民銀行副総裁の胡暁煉の発言によれば、2014年に入ってから人民銀行は為替に対する干渉頻度を大幅に減らし、３月以来基本的に市場に対する干渉をやめている。

一般的には、人民元為替改革は、金融改革の中において最も容易なものであるという認識がある。しかし、今後の人民元安の圧力の下で、特に長期間に大幅な切り下げがあった場合は、この見方が変わるかもしれない。

2015年の米ドル上昇圧力（中長期にドルが強くなる傾向）が見込まれる中でも、現時点で中央銀行は依然として現行の政策を変えずに改革を加速している。

4 将来の人民元の動向

人民元の動向について、いくつかの説を紹介する。

興業銀行の首席経済学者の魯政委氏：

現在の問題は、人民元為替に対する過大評価と変動幅の不足である。その解決策は毎日の中間値を市場に委ねることで人民元の上下幅を拡大させることである。つまり為替市場の価格に中国の経済状況を反映させることである。

中華工商時報の副編集長の劉杉氏：

中国は、人民元の過度の切り下げを放任することはしない。同時に資本勘定が完全に開放されないうちは、短期の金利差や長中期の国際収支と購買力の点からも人民元の切り下げを完全に容認するには至らない。

CASS 世界政治経済研究所国際投資室主任の張明氏：

ファンダメンタルズからは、過去3年において中国の経常収支黒字のGDP に対する割合は3％を下回り続けた。投機マネーの流入を除けば2014年の比率はおそらく1から2％までになる。これは、目下の人民元為替水準が均衡の状態に近づきつつあることを意味している。為替の安定の点から見れば、ドル高の背景の下において人民元は適当に引き下げたほうがよい。

筆者の考え：

為替の安定を保持することは、人民元国際化の戦略的要求を満たし、経済大国としての義務を果たすことになる。

短期的な切り下げの圧力があるが、人民元の傾向的且つ中長期的な値下げは、資本市場が完全に開放されるまでは海外人民元資産の投資チャネル確保を難しくし、海外投資家の人民元に対する信頼を損ね、人民元国際化の戦略に影響を及ぼす。

さらに、現時点では管理フロート制のため、中央銀行側が決定権を持つ。結論からいうと、今後10年ほど米ドル高傾向の中で、人民元がむしろ切り下げられるかもしれない。しかし、人民元は、値下がり政策を容認しても、その幅は限られたものである。

■ 第2節

人民元国際化の実態

Ⅰ 人民元国際化の提起

1 人民元国際化が提起された背景

人民元国際化が提起された背景として、リーマンショック以後には、外貨準備資産の減価リスクの防止、国際通貨制度の公平性の欠如、及び今後の米

中競争が、主な理由として挙げられた。

　1）まず、外貨準備資産の減価リスクの防止がメイン。

　中国の外貨準備は高すぎ、且つ対外投資収益が損失を続けている。1993年から経常収支の黒字を維持し、20年間、資本輸出を続けてきた。その結果、5兆元の海外資産と3兆元の海外負債があり、2兆元の海外純資産があるのに、十数年来の対外投資収益は赤字のままである（図表8－3、8－4）。

　2）解決策としての人民元国際化。

　余永定氏（CASS教授、元国家貨幣政策委員会メンバー）は、世界金融危機以後、中国は次の3つのことに直面していると指摘する。①国際通貨制度改革、②アジア地域通貨と金融協力、③人民元の国際化。上記①（主に米ドル基軸通貨のこと）にはあまり期待できない（IMFのSDRの改革を進めるぐらい）、②には中日間の政治的立場の違いと互いの不信のために、地域内の為替レートの協調が基本的にできず、アジア共同通貨の設立の道は相当遠い。よって、③の人民元国際化が中国にとって近道であろうと分析している。

　人民銀行首席経済学者の馬駿氏は、米国主導の国際通貨制度に多くの欠陥があるとし、目下3つの代替案をあげた。即ち、①SDR、②金によるドルの代替、③ドル、ユーロ、人民元の3つの（多極的）基軸通貨体制の構築。この中、①と②の実現は困難であり、③の実現可能性のほうがはるかに大きい。

2　人民元国際化のマクロ条件

　人民元国際化のマクロ条件として、中国は現在世界第2の経済国、第1の貿易国および第3の対外投資国である。中国は全世界のGDPの7％から10％を創出しており（80年代の日本に相当）、貿易総量も当時の日本に及んでいる。

　また、第二に、通貨が上昇する傾向にあること、第三にインフレ率が高くないことが挙げられる。

212

図表8-3　経常収支、資本勘定の差額および準備資産の変動とGDPの比

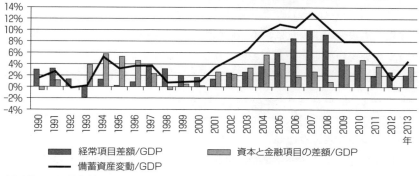

（出所）国家外貨管理局、国家統計局。

図表8-4　経常収支、資本勘定の差額および準備資産の変動とGDPの比

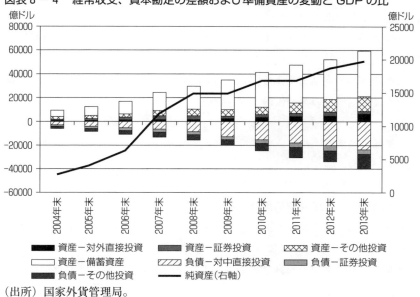

（出所）国家外貨管理局。

3　人民元国際化の最終目標

　人民元国際化の最終目標は、ドルとユーロと同じように、世界的ハード通貨になること。即ち、従来、国内貨幣として担ってきた交換手段、計算単

位、保蔵手段という三つの役割を国際取引ないし国際通貨制度に徐々に拡張させて、それぞれ媒介通貨、表示通貨、保有資産の役割を果たさせると考える。

　また、人民元の国際化は、中国の国際的な地位を高めると同時に、シニョリッジの獲得にも狙いがあると思われる。

Ⅱ　これまでの人民元国際化の推移

1　リーマンショック以前

　人民元国際化は、2008年まで、民間の自発的な市場行為を中心に、中国の周辺地域から始まったと考えられる。

　そのきっかけは、1992年から開始した、辺境地域経済開発戦略による辺境貿易の促進であり、その特徴は、中国政府の主導というより、むしろ民間の自主的な活動であった。

　中国は、ロシアやモンゴルなど14の国と陸上で接し、歴史上からも隣国との間に「互市貿易」を形成していた。特に中国の改革開放によって、辺境住民による辺境貿易は急速に展開し、辺境貿易における人民元建て貿易決済は、人民元地域化の第一段階となった。

2　2009〜今まで

　2009年以後、従来の辺境貿易における民間・自発的な市場行為を中心とした段階から、政府主導且つ全面・多様な段階になっている。そのきっかけは、2009年に、人民元貿易決済を促進する政策が出されたからであり、通貨国際化の2つの基本条件である、貿易通貨、投資通貨の機能を促進してきている。

　当面、中国人民元を海外に広める主な手段としては、貿易、通貨スワップ協定、人民元クリアリングバンク・ネットワークの設立によるオフショア市場の開拓、米ドル以外の主要な通貨との直接取引、人民元建債券の発行、対外直接または間接投資、地域・国家間協力・援助、観光などが挙げられる。

3　これまでの人民元国際化の実績

　2014年10月までに、クロスボーダー人民元決済規模は 8 兆元に及び、中国とクロスボーダー人民元決済を行う国家は174に及んだ。

　現在では、28の通貨当局が中国と通貨スワップ協定を締結している。また12の経済体の中央銀行と人民元クリアリングバンクを調印しているが、そのうち、 8 件が、2014年に行われた。そして、30を超える中央銀行が、人民元をその外貨準備通貨にしている。

　香港金融管理局総裁の陳德霖によれば、現時点では約20％の対外貿易、30％の外国からの直接投資（FDI）および18％の海外直接投資（ODI）は人民元によって決済されている。

　SWIFT のデータによれば、現在、人民元は世界 2 位の国際貿易通貨、第 7 位の清算通貨、さらに為替市場で最も取引されるトップ10の通貨に入っているとされる。

　以上のように人民元は、貿易通貨から投資通貨さらに備蓄通貨に向けて発展を進めている。

Ⅲ　クロスボーダー貿易決済からオフショア資本市場の開拓へ

　人民元は、貿易貨幣から金融投資貨幣、備蓄貨幣というルートに沿って発展している。

1　貿易通貨から投資通貨

　1.1　貿易と対外直接投資における人民元クロスボーダー決済

　1 ）貿易の場合、クロスボーダー貿易の人民元決済は、人民元国際化の基礎で、2009年以来の重要戦略である。2013年の実績では、次の 3 つの特徴みられる。

　まず、規模と割合が急速に上昇し、規模は前年より57.5％の増加、割合は24.5％に及ぶ。また、貨物貿易を主にしているが、サービス貿易の規模が増加しつつある。2013年では貨物貿易は65.2％、サービス貿易は34.8％であった。さらに、輸出と輸入は安定しており、輸出の増加が早い。それぞれの割

第 8 章　オフショア市場と地域統合から見た人民元国際化ロードマップの展開　215

図表8−5　中国クロスボーダー貿易人民元決済(2013.3-2014.10)

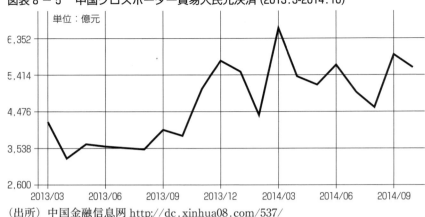

（出所）中国金融信息網 http://dc.xinhua08.com/537/

合は40.6％と59.4％であった（図表8−5）。

2）投資の場合、人民元が、対外および外国から中国への直接投資に占める割合はいずれも増加している。

2013年の中国の対外ODI規模は、世界で第3位となり、そのうち、人民元決済は19.4％で、2012年と比べ181.2％増加した。2013年の中国へのFDIにおける人民元の割合は61％にのぼり、前の年と比べ25.6％増加した。

1.2　主要なオフショアセンターにおける人民元フロー増加の割合

1）成長が速い

SWIFTによれば、2014年9月までに、人民元の世界における決済通貨のランキングは7位（図表8−6）、前年比13.2％増加、他の通貨の平均増加幅の8.1％を大きく上回った。しかし、金額の割合で見ればまだ1.72％（8月1.57％）、これに対して米国ドルとユーロの割合は約4割と3割であった。

2）香港の人民元国際化への貢献が大きい

人民元クロスボーダー貿易とオフショア人民元商品のいずれにおいても絶対的な地位を占めている。2014年9月までに、香港の世界のオフショア人民元センターにおけるシェアは、決済が97.26％、証券が71.73％、預金が56.8％、貿易融資が99.91％であった。

3）香港以外のオフショア人民元センターの発展は非常に速い

図表 8 - 6　世界生産貨幣における人民元

	2013年 1 月		2014年 9 月
フォリント	0.25%	新トルコ・リラ	0.33%
新トルコ・リラ	0.29%	メキシコ・ペソ	0.36%
メキシコ・ペソ	0.34%	ロシア・ルーブル	0.38%
ニュージーランド・ドル	0.35%	ランド	0.46%
ランド	0.42%	ニュージーランド・ドル	0.51%
ロシア・ルーブル	0.56%	デンマーク・クローネ	0.53%
デンマーク・クローネ	0.58%	ズウォティ	0.63%
人民元	0.63%	ノルウェー・クローネ	0.72%
ノルウェー・クローネ	0.80%	スウェーデン・クローナ	0.86%
スウェーデン・クローナ	0.96%	シンガポール・ドル	0.94%
タイバーツ	0.97%	タイバーツ	0.96%
ホンコンドル	1.02%	ホンコンドル	1.02%
シンガポール・ドル	1.05%	スイス・フラン	1.40%
カナダドル	1.80%	人民元	1.72%
スイス・フラン	1.83%	カナダドル	1.78%
オーストラリアドル	1.85%	オーストラリアドル	2.02%
日本円	2.56%	日本円	2.74%
ポンド	8.55%	ポンド	8.59%
ドル	33.48%	ユーロ	29.43%
ユーロ	40.90%	ドル	42.93%

（出所）SWIFT

　2012年 9 月～2014年 9 月までの増加は837％、全体の平均379％の増え幅を
大幅に上回る（図表 8 - 7 、 8 - 8 ）。香港を除けば、2014年 9 月の世界全
体の割合は3.25％である。規模から見て、シンガポール、ルクセンブルグ及
び英国がトップ 3 を占め、それぞれの増え幅は574％、517％、236％である
（図表 8 - 8 ）。

第 8 章　オフショア市場と地域統合から見た人民元国際化ロードマップの展開　217

図表 8 − 7 「香港を含まないオフショア」人民元決済の推移と人民元センタートップ10

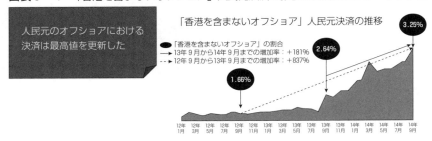

図表 8 − 8 「香港を含まないオフショア」人民元センタートップ10

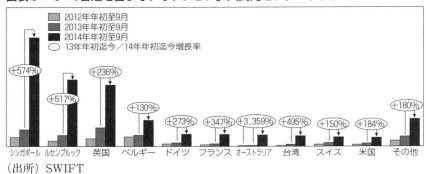

（出所）SWIFT

2　国際資本市場の開拓状況から見る人民元国際化の現状

　最近、通貨スワップ協定の強化、人民元クリアリングバンクの設立などの人民元オフショアセンターの建設と同時に、国内資本市場においても、後述のように「滬港通」とRQDIIなどの試行が開始された。

　これは人民元国際化の中心が、クロスボーダー人民元貿易決済からオフショア市場の開拓に移っていることを意味する。

　図表 8 − 9 のとおり、現在、国際資本市場の開拓では、1）人民元オンショア、と 2）人民元オフショアの市場建設が、同時に進行している。

　また、時間の推移に従って、さらに多くの内容が出現すると予想できる。

　次に、1）人民元国際化とオンショア資本市場の建設、及び 2）人民元国際化とオフショア資本市場の建設、に分けて説明する。オンショアという言い方は正しくないかもしれないが、あくまでも海外と区別するためである。

図表 8 - 9　　国際資本市場と国内市場の開拓状況

オンショア資本市場の建設	オフショア市場の建設
滬港通 クロスボーダー人民元移動 RQDII	通貨スワップ協定 通貨の直接取引 RQFII 人民元クリアリングバンク オフショア人民元債券およびその他の人民元決済商品

2.1　人民元国際化とオンショア資本市場の建設

　中国国内資本市場における、クロスボーダー人民元資本の流れのチャネルと規模が増加していることも、オフショア人民元市場の規模の拡張を意味している。また、現在テスト中のオンショア市場（上海 FTZ）は、将来における人民元オフショア市場への切り替えの準備段階と考えてもよい。

　2014年に、中国は、人民元オンショア投資のチャネルに関わる改革を早めており、主に、1）滬港通、2）クロスボーダー人民元資本の移動、及び3）RQDII の 3 つがその中心である。

　1）「滬港通」（上海・香港・ストック・コネクト）

　「滬港通」とは、上海と香港で試験的に行われた、上海と香港証券取引所の間で相互の上場株式の売買注文ができるシステムで、人民元のみで決済される。「滬港通」の試験的導入は、人民元の国際化に向け、大きな一歩を踏んだ。即ち、中国政府が資本自由化を実行する決心を示したことである。「滬港通」が安定期に入った後は、「深港通」も開始されると思われる。

　そのほか「滬港通」に対する人民元の需要を満たすため、2014年11月17日から、香港市民は、制限なく人民元の両替を行うことができるようになった。これまで、香港市民は、毎日 2 万元（3264ドル）の両替しかできなかった。

　2）クロスボーダー人民元資本の移動

　2012年12月以来、国務院は、浙江省義烏市、シンセン市前海地区、上海、および広西省雲南省など10の区域において、個人口座における人民元決済、クロスボーダー人民元貸し付けなどのクロスボーダー人民元業務を実験的に展開させた。

第 8 章　オフショア市場と地域統合から見た人民元国際化ロードマップの展開　219

図表8－10　人民元クロスボーダー資本移動の代表的実験地域：上海、深セン、温州、義烏

名称および設立年月	実験業務内容および特徴	業務の進展
中国上海自由貿易試験区、2013年9月29日	業務内容：クロスボーダー人民元貸付、人民元資金プール、人民元による海外M＆N業務を執り行っている。さらに、海外資金プール、海外貸付、為替決済の業務も行っている。 特徴：オフショア金融センターの構築	2014年4月までの上海自由貿易区におけるクロスボーダー人民元貸付は26件総額45億元に達する。人民元資金プール12件、取り扱い金額は46億元。オフショア人民元決済額は462億元。前の年と比べ増加率は90％である。
前海深港現代服務業合作区、2012年12月27日	業務内容：香港における人民元の発展状況および深セン前海建設発展の需要から前海の企業が香港より人民元融資を受けた際の残高管理を行う。貸出利率は貸借の双方によって自主的に定める。 特徴：香港の隣、中国におけるクロスボーダー人民元貸付。	2012年に開始されて以来2014年8月26日までに、83の企業によるクロスボーダー人民元貸付総額は440億人民元となった。 そのほか、外資企業に対する外国送金依頼および継続差額清算業務の規模は、2014年7月末までに総額13.56億ドルとなった。
温州金融改革総合試験区、2012年3月28日	業務内容：温州における個人直接海外投資業務。 特徴：民間資本の海外投資を可能にした。	
義烏市国際総合貿易改革試点、2013年8月23日	業務内容：オフショア人民元業務外貨管理。 特徴：国内で唯一の個人の人民元オフショア決済。	

（出所）中国金融信息网 http://dc.xinhua08.com/537/ より作成

　これらの手法や経験は、将来全国に向けて普及できるようにテスト中である（図表8－10、8－11）。

　3）RQDII（中国投資家に海外人民元市場の開放）

　QDII（Qualified Domestic Institutional Investor）とは、適格国内機関投

図表8−11　人民元クロスボーダー資本移動の代表的実験地域：辺境の新疆、雲南、広西

名称および設立年月	実験業務内容および特徴	業務の進展
中ハホルガス国際辺境合作センター、2013年8月9日	業務内容：区域内銀行が直接国際的な融資活動を行うことができる。国内企業が区域内の銀行において開いたNRA口座で定期預金、現金の受渡、融資担保の業務ができる。さらに、人民元と中央アジア諸国の貨幣との為替業務も取り扱える。 特徴：中国と中央アジアの為替決済センターの確立。	試験営業期間において人民元NRA口座を6件、外貨NRA口座を4件開設し、総額2千7百万元の預金残高となった。
滇（雲南）桂（広西）沿辺金融総合改革試験区、2013年11月21日	業務内容：人民元貸付業務による国外決済の利便性の向上を目指し、人民元為替業務、人民元現金出入国管理業務、人民元海外投資ファンド業務を行う。 特徴：周辺区域における人民元貿易の自由交換ができる。	2014年上半期までに、広西省クロスボーダー人民元決済は818億元となり、前の年と比べ102.9％増加した。2014年中に1800億元に達する予定である。
広西東興重点開発開放試験区、2013年9月25日	業務内容：2013年7月10日義烏の次に個人クロスボーダー人民元銀行業務を開始し、国内2例目となった。 特徴：ベトナムドンとの兌換為替体制を確立したことにより民間為替の圧縮につながった。	2014年7月10日までに、クロスボーダー人民元決済153.3億人民元を行い、前の年と比べ252％の増加となった。

（出所）中国金融信息网 http://dc.xinhua08.com/537/ より作成

資家を指し、承認を受けた国内機関投資家に対して、海外証券資産への投資を制限つきながら認めるものである。11月28日までに、127の国内投資家（QDII）が886.73億ドルの上限額を獲得した。

　RQDIIのRは人民元。すなわち、国内投資家に対して開放されたクロスボーダー人民元市場である。QDIIとの違いは、主に人民元であること。

　2014年11月に中国は、正式にRQDII業務を開放した。これは、中国の資

第8章　オフショア市場と地域統合から見た人民元国際化ロードマップの展開　221

本勘定開放の重要な一歩となった。そのほか、RQDII は、人民元にとって重要な海外投資チャネルになり、国内からの投資手段が少ないという問題に対して、一定の解決策を示した。

同時に人民元による投資を行うことで、投資家は、人民元の値上がりによる為替リスクの心配を取り除くことができる。これは、投資家のリスクの分散および資産のポートフォリオから見て有意義なことである。

また、人民銀行は、QDR（Qualified Domestic Resident：適格国内投資家）の検討を進めており、将来的には、条件に適合した国民が海外の株式と不動産への投資を許可される。さらに、国内企業に対して、海外における人民元口座での株式の発行を許可し、人民元による配当を可能とする政策を進めている。

2.2　オフショア資本市場の建設

2014年には、オフショア人民元市場の発展が最も注目された。現在、10の主要な国と地域において、オフショア人民元業務が開始されている。このうち、香港、ロンドン、シンガポールがトップ３である。

次に、1）通貨スワップ協定、2）通貨の直接取引、3）RQFII、4）人民元クリアリングバンク、5）オフショア人民元債券などの人民元商品、という５つの内容を中心にオフショア人民元市場の状況を紹介する。

1）通貨スワップ協定

通貨スワップ協定は、異なる通貨を持つ二つの国において、互いの中央銀行の事前の約束に基づき、即ち、二つの同じ金額・同じ期間・同じ利子率の計算方法を前提に、異なる通貨の債務交換に関して、政府レベルで正式に結ばれた協定である。通貨交換又は互換協定とも呼ばれる。2009年2月8日に結ばれた、中国とマレーシアとの二ヶ国通貨スワップ協定の例を見ると、中国とマレーシアとの間で合計800億の中国人民元（約400億のマレーシアリンギット）、期間は３年間で、互いの投資や貿易を行う場合に、自国の通貨が直接、表示や媒介などの機能を果たすことができ、第三国の通貨（例え米ドル）を使わなくても可能であるという内容である。

通貨スワップは人民元国際化の重要な一環であり、提携先から見れば、香港や韓国などの周辺貿易国、インドネシアなどの新興国、地区のハブ国家で

あるトルコ、アラブ首長国連邦、さらにニュージーランド、オーストラリア、スイス、カナダのなどの西側諸国という順に、徐々に拡大している。

現在までに28の中央銀行と協定を交わしており、通貨スワップの総額は3兆元を超える。このうち、スイス、スリランカ、ロシア、カタール、カナダの5ヶ国の中央銀行と、2014年に調印した。

2）人民元の直接取引

2014年9月末現在、元と直接取引できる通貨が9つある。

世界主要通貨は7つあり、それぞれは米ドル、日本円（2012年6月）、ニュージーランドドル（2014年3月）、豪ドル（2013年4月）、英国ポンド2014年6月、ユーロ（2014年9月）、シンガポールドル（2014年10月）である。

上記の7つのほかに、ロシアルーブル及びマレーシアリンギットとも直接取引ができる。これら以外は、米ドルを媒介する必要がある。

2012年6月から、円は米ドルの次に人民元と直接取引できる主要貨幣となった。人民元が円と直接取引できるようになったことにより、日中間の貿易と投資活動を拡大させ、両国の金融業に対して新たな業務を提供するとともに、人民元の国際化に対しても重要な一歩となった。これは、中日両国に対してウィンウィンになる政策であるが、現状では、まだ理想的なものとはいえない。

3）RQFII

人民元国際化において、元の国内と国際市場での双方向の流通は、非常に大きな問題で、RQFIIの推進は、この問題の解決につながる。

QFIIは、Qualified Foreign Institutional Investors（適格国外機関投資家）である。RQFIIとは、Rは人民元のことで、香港市場を経由して人民元に両替し、上海や深センなど中国本土の金融商品に投資するという制度である。QFIIと同じように、中国証券監督管理委員会（CSRC）から認定を受け、中国国家外貨管理局（SAFE）から投資枠を得た金融機関が、香港当局の承認を得て、投資信託を設けるという仕組みである。

4）人民元クリアリングバンク

人民元クリアリングバンク・ネットワークの建設は、人民元海外オフショアセンターの重要な一環である。

第8章　オフショア市場と地域統合から見た人民元国際化ロードマップの展開　223

2014年に入ってから、人民元国際化のペースが速まり、アジア太平洋地区からヨーロッパ、中東、アメリカ大陸に及ぶ人民元クリアリングバンク・ネットワークが形成されつつある。2014年の11月までに12の国と地域の中央銀行と調印を行った。そのうち、2014年1年間でイギリス、ドイツ、フランス、韓国、カナダ、オーストラリア、ルクセンブルグ、カタールなどの8ヶ国の中央銀行と調印を行った（図表8−12）。

　しかし、日本での人民元クリアリングバンクの開設は、遅れを取っている。加えて、中国は、近年「一帯一路」構想を取っており、すなわち日本を迂回し、西に関係の発展を求めている。これは、中国の本意ではないが日本には不利である。日本における人民元クリアリングバンクの早急の設置が必要である。

　5）オフショア人民元債券及びその他の人民元商品

　オフショア人民元債券市場の規模は、まだごくわずかであるが、発展し続けている。2014年の10月末までに、16の国内銀行が、オフショア人民元債券1055億元を発行したほか、大陸以外の企業が、国内で人民元債券5億元を発行した実績がある。

　主な実績は、香港の「点心債」、台湾の「宝島債」、シンガポールの「獅城債」、アラブ首長国連邦の「酋長債」、フランスの「凱旋債」、マレーシアの「金虎債」、ドイツの「歌徳債」、オーストラリアの「大洋債」、韓国の「キムチ債」、ルセンブルグの「申根債」である。

　2014年、オフショア人民元債券の発行は、前年比で2倍になると予測されている。ムーディースの副総裁は、「この動きの背景に人民元安ドル高があるとして、投資者は、人民元債券を単なる通貨ではなく、固定収益資産とみなしていることの現れである」とした。

　香港を例にあげると、「点心債」（dim sum bonds）が、2007年国家開発銀行によりはじめて発行された。近年「点心債」は、香港オフショア人民元市場で最も重要な業務となった。2014年1月から9月までに香港で発行された人民元債券は1636億人民元で、昨年より40％増加した。発行者は、国内外の金融機関と企業に及ぶ。2014年9月時点の未償還「点心債」残高は、3740億人民元で、年始より2割増加となった。目下、香港で発行されたCDを含

図表 8 −12　世界各地にある人民元のクリアリングバンク

開設地	開設時期	委任銀行
香港	2003年	中国銀行
マカオ	2012年 9 月24日	中国銀行
台湾	2013年 1 月25日	中国銀行
シンガポール	2013年 2 月 8 日	中国工商銀行
独フランクフルト	2014年 3 月28日	中国銀行
英ロンドン	2014年 6 月18日	中国建設銀行
仏パリ	2014年 6 月	中国銀行
ルセンブルク	2014年 6 月	中国銀行
韓国ソウル	2014年 7 月	中国交通銀行
カタール・ドーハ	2014年11月	中国工商銀行
豪州シードニ	2014年11月	中国銀行
カナダ	2014年11月	中国交通銀行

む人民元債券は 4 千億人民元に及ぶ。

　さらに、2014年10月14日に、初めて英国で人民元債券が発行された。これは英国政府が発行した、30億人民元に及ぶ人民元債券で、英国の外貨準備資産プールに注入された。これは、人民元の国際化にとって重要な意味を持つ。英国が、人民元を当国の準備貨幣にすることは人民元の先行きに対する肯定であり、人民元は、国際貨幣としての取引、決済、投資、備蓄の機能を備えつつあることを表している。

　他方、現在、中国香港、シンガポール、ロンドンにおいて、人民元決済の金融商品を出しているが、オフショア人民元プールの規模が小さいことや人民元に投資する機関投資家の数と規模が限られていることにより、活発な人民元金融商品市場の形成は、難しいと思われる。

■ 第3節

地域統合から見た人民元国際化ロードマップの展開

　中国は、オフショア人民元センターを建設すると同時に、地域統合による人民元国際化を進めている。

　そのために、自らに対して有利なグロバリゼーション戦略を立ちあげようとしている。

Ⅰ 「ASEAN+ チャイナ」経済関係の深化

1 貿易と投資

　「ASEAN+ チャイナ」FTA は、2010年にスタートした。自由貿易区の設立は、区域内諸国の貿易状況に影響するだけでなく、区域外ならびに全世界に対しても影響を及ぼしている。

　ASEAN は、中国の投資、貿易、及び人民元地域化にとって重要な戦略区域である。同じ「アジア工場」のサプライチェーンの中にありながらも、中国と ASEAN 貿易の相補性は、依然競争性より大きい。

　2013年、中国と ASEAN の貿易は、それぞれ第3位と第1位で、総額は中国の総貿易額の10.6%を占めている。その成長速度も、過去10年間、日米EU を超え、極めて速い（図表8−13）。

　2014年1〜8月で、中国と ASEAN の人民元貿易決済は、総額の13% を占めたのに対して、世界全体では15.8% である。香港の桁はずれの額を考えれば、ASEAN の値は、高いのではないかと思われる。

　投資をみると、中国の ASEAN に対する ODI は、フローでは全体の13.67%、ストックでは5.4% であり、香港、EU に継ぐ第3位である。相当部分のODI が、香港とケイマン諸島を経由して ASEAN に向かったことを考慮に入れると、おそらくさらに高くなると思われる。2013年の中国による ODI

226

図表 8 −13　中国と ASEAN 諸国の貿易額の推移

（単位：100万ドル）

貿易総額			
	2004	2008	2012	2012/2004
世界	1,417,432	2,943,089	4,205,659	3.0
ASEAN	111,361	230,177	374,904	3.4
日本	188,667	293,830	366,267	1.9
アメリカ	255,265	437,890	578,173	2.3
EU	241,981	533,365	635,333	2.6
中国の輸出額			
世界	856,204	1,810,527	2,387,460	2.8
ASEAN	48,393	113,174	179,036	3.7
日本	94,340	143,230	188,435	2.0
アメリカ	210,517	356,305	444,407	2.1
EU	171,487	400,719	423,262	2.5
中国の輸入額			
世界	561,229	1,132,562	1,818,199	3.2
ASEAN	62,967	117,003	195,868	3.1
日本	94,327	150,600	177,832	1.9
アメリカ	44,748	81,586	133,766	3.0
EU	70,494	132,646	212,071	3.0

（注）香港経由を含めるために相手国・地域の輸入額より算出。
（出所）UNCTAD データベースより。

は、世界全体の58.5%を占め、ケイマン諸島は8.6%、さらに中国の途上国に対する ODI は、85.1%である（図表 8 −14、 8 −15）。

2　中国の対 ASEAN 新戦略：21世紀海上シルクロードの建設

　地政学と経済発展のいずれの視点からも、ASEAN は、中国にとって重要な位置にある。2010年、中国は ASEAN との自由貿易区を設立したことで、18億人の人口をもを含んだ、世界最大規模の自由貿易区となった。

　最近の「一帯一路」戦略の提起によって、中国のローカリゼーション戦略

図表 8-14　2005～2012年 ASEAN での中国直接投資の割合及びストック

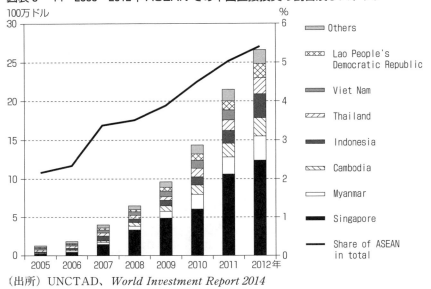

（出所）UNCTAD、*World Investment Report 2014*

図表 8-15　2013年中国の各経済区域への投資状況

経済区域	金額	フロー 前の年と比べ(%)	割合	ストック 金額	割合(%)
中国香港	628.24	22.6	58.3	3770.9	57.1
ヨーロッパ	45.24	－26.1	4.2	401.0	6.1
ASEAN	72.67	19.1	6.7	356.7	5.4
アメリカ	38.73	－4.3	3.6	219.0	3.3
オーストラリア	34.58	59.1	3.2	174.5	2.7
ロシア連邦	10.22	30.2	0.9	75.8	1.1
合計	829.68	17.7	76.9	4997.9	75.7

（出所）中国海外直接投資公報2014

は、より一層レベルが上がっている。特に海のシルクロードは、ASEAN を含んでおり、ASEAN との関係がより深まると考えられる。

　中国が、こうした戦略を提起したのは、歴史的・地理的な優位性を十分に発揮させようとする狙いがある。中国は、はるか昔から陸上・海上・シルクロードを利用し、貿易、通商を行ってきた。そのため現在に至っても、一定

図表8－16　中国の対ASEAN戦略の推移と展開

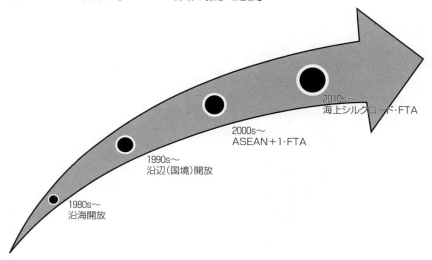

的な基盤が残っている。さらに、ASEANにおいて、膨大な華人・華僑のネットワークも存在しており、戦略の展開に大きな助力となると見込まれている（図表8－16）。

そのほか、中国はASEANの間にASEANを貫通する軌道の建設を進めている。

1996年11月、タイのバンコクで開かれた第2回アジア欧州首脳会議（ASEM）で、マレーシアのマハティール首相によって「汎アジア縦貫鉄道」が提唱。同案は、シベリア横断鉄道など既存の鉄道と連結して、アジアと欧州をつなぐ鉄道網である。シンガポールを出発し、クアラルンプール（マレーシア）、バンコク（タイ）、ヤンゴン（ミャンマー）を経て、中国の昆明、北京、丹東から平壌に向かい、韓国のソウル、釜山に到着する計画構想である。ASEMはまた、昆明からイスタンブール（トルコ）までを結ぶ「シルクロード鉄道」と、ヤンゴンからインドのカルカッタ、ニューデリーを経て、テヘラン（イラン）、イスタンブールを結ぶ「南アジア横断鉄道」を建設することも検討するとしている。

全体の完成には、相当の月日を要するが、中国とASEANと結ぶ工事は、

図表8-17 「汎アジア縦貫鉄道」

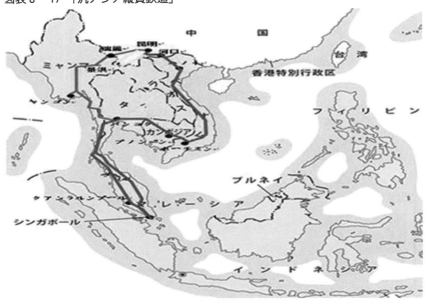

既にスケジュールに上がっており、一部の施工を開始している。おそらく、高速鉄道の輸出も伴うものと思われる。図表8-17に示されているように、3つの路線に分かれている。

Ⅱ アジア太平洋の一体化戦略から見る中国版のグロバリゼーション戦略

1 「一帯一路」と「アジアインフラ投資銀行」の提唱
「一帯一路」戦略について

　一帯とは、陸路でのシルクロード経済帯を指す。一路とは、海路での21世紀海上シルクロードを指す。習近平主席は、2013年9月カザフスタンでシルクロード経済帯を、同10月インドネシアで21世紀海上シルクロードの建設を提起した。インフラ建設、文化交流などを通じて、貿易・投資などの分野での協力体制を構築する一種のFTAである。

　陸と海の21世紀シルクロードFTA建設は、1978年以来の改革開放発展戦

図表 8 −18　中日韓自由貿易区、ASEAN+3自由貿易区、RCEP、FTAAP および TPP

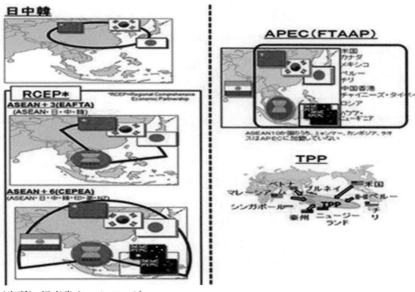

（出所）経産省ホームページ

略に次ぐ、中国の対外開放戦略の第二段階と位置づけられる。

「一帯一路」戦略は、米国がリードしている TPP と対抗するか、むしろハードルの高い TPP 加盟を目指す前段階ではないかと分析されている。

21世紀海上シルクロードでは、特に、ASEAN との経済連携強化が強調されている。

中国は、21世紀海上シルクロードを生かして、ASEAN+CHINA をさらに深化させたい。さらに、ASEAN との緊密な経済関係（ASEAN+1、ASEAN+3）を軸に RCEP の構築でリーダーシップを発揮しようとしている（図表 8 −18）。

「アジアインフラ投資銀行（AIIB）」について

2013年10月、習主席と李首相が南アジアを歴訪した際に、中国はアジア諸国のインフラ建設を支援する「アジアインフラ投資銀行（AIIB）」の設立を提唱した。

現在ではベトナム、インド、シンガポール、アマンなど22の国家が資本金

拠出の意思を示し、銀行設立資本金は、当初の500億ドルから1000億ドルに増加している。将来的には本部を北京に置いて2015年末に開業する予定である。

この時期に「アジアインフラ投資銀行」を設立する狙いとしては

1）「一帯一路」戦略に貢献。

2）人民元国際化の第一歩の地域化を推進。

3）アジア開発銀行（ADB）などを補完（競合相手とも言われる）。（米日中の ADB 出資率はそれぞれ15.7%、15.6%、5.5%。資本金は1,650億米ドル）

新銀行の設立は、一部で米国主導の国際金融制度への挑戦とも受取られたが、アセアンを含むアジア諸国には歓迎されている。原因としては、アジアにおけるインフラ施設の改善に大規模な資金が必要とされているが、ADBはそのニーズに応え切れないことが挙げられる。

2010年、世界銀行は、中国の出資率を2.8%から4.2%に引き上げた。しかし中国は GDP では世界第2位であるが、日本は6.8%、米国は15.8%をそれぞれ出資している。

ADB においては、米国と日本のそれぞれの出資率は15%であり、米国はADB での増資を拒んでいる上に他国の増資にも反対している。さらに米国には、IMF とともに、かつて日本が提唱した「アジア通貨基金」の構想を弾圧した過去がある。

「シルクロード基金」の設立について

2014年11月8日、APEC を北京に開催する際に、習主席が設立を宣言したもので、資本金は400億米ドルである。

一部の報道では、中国版「Marshall 計画」と言われている。筆者は、それは片思いではないかと思う。その理由は、過去の「Marshall 計画」と違って、「シルクロード基金」は地域協力・開発が中心で、援助が目的ではないことである。

2　中国のアジア太平洋での地域統合戦略は TPP への加盟準備

2014年に中国で開かれた APEC において、習近平主席は、アジア太平洋地域統合というキーワードを言い続けていた。

232

アジア太平洋地域統合戦略とは、「一帯一路」戦略を元に、アジア太平洋地域において３つの地域統合戦略を推し進めることである。

　１）北東で、中日韓朝ロ東北アジアの地域統合を推進する。

　２）南で、中国＋アセアンとの自由貿易区を基礎に、重点的に中パ回廊、バングラディッシュ中国インド回廊、中シンガポール回廊を建設する。

　３）西で、中国及び中央アジア地域統合において、カザフスタン、トルクメニスタン、ウズベキスタン、タジキスタンを含め、ヨーロッパアジア大陸橋（Eurasia Land Bridge）と中国、イラン、トルコ回廊の建設を目指す。

　推進の方法は、２つのステップに分けられる。

　１）インフラ施設の整備（交通、電力、通信を含む）。そのために、AIIBを設立し、「シルクロード基金」を作った。

　２）双方の経済・貿易・交流を拡大、し金融業を含めた中国資本の進出を促進させる。

　中国とアジア新興諸国は、米国主導の TPP・TIPP による挑戦を受けている。米国が主導する TPP は、自身の経済モデルの普及だけでなく、中国に対する制約でもある。

　長期的に見て、これら新たな協定に積極的に参加することは、中国にとってチャンスと捉えたほうがよい。

　しかし、中国を含めたアジア諸国は、短期的にこれを受け入れることは困難である。

　中国は、いずれ TPP に加盟するであろう。短期間の戦略として、中国は、当面 RCEP と FTAAP を推進していくであろう。

　筆者は、米国が早かれ遅かれ中国の TPP 加入を受け入れる考えている。

　米国は、ABC（Anyone but China）戦略という意図を若干持っているが、新興諸国、特に中国が参加しない地域統合は、実質的な意義を持ち合わせていない。

　『2014年の世界投資報告書』によれば、世界の2013年と2005〜07年の直接投資を比較した結果、新興諸国を主とする地域統合の発展速度は、先進国を中心とする地域統合（TPP など）より遥かに高い。TPP に関しては、2013年の値は2005〜07年の平均値より上回っているが、それは、TPP の中の新

図表 8 −19　地域統合から見る2013年と2005〜07年の世界直接投資

Regional/inter-regional groups	Average 2005-2007		2013		Change in share (percentage point)
	FDI Inflows($ billion)	Share in world	FDI Inflows($ billion)	Share in world	
G-20	878	59%	791	54%	-5
APEC	560	37%	789	54%	17
TPP	363	24%	458	32%	8
TTIP	838	56%	434	30%	-26
RCEP	195	13%	343	24%	11
BRICS	157	11%	304	21%	10
NAFTA	279	19%	288	20%	1
ASEAN	65	4%	125	9%	5
MERCOSUR	31	2%	85	6%	4

（出所）UNCTAD、*World Investment Report 2014*

興市場の成長が米国の減速を相殺しているからと考えられる（図表 8 −19）。

　TPP 交渉に入る前に、中国は、まず、RCEP と FTAAP（即 APEC）の交渉を続けるであろう。しかしこの 2 つは、それぞれ米国とインドからネガティブな見方をされている。

　TPP の存在により、米国の FTAAP に対するニーズを大きく低下させ、今後 FTAAP に関しては、アジア貿易の一部を TPP に組み込むことが予想されている。このような条件となれば、アジア太平洋地域自由貿易の中において、中米の協力関係を深めることに大きな意義となる。

　東アジア地域包括的経済連携（RCEP：Regional Comprehensive Economic Partnership）は、日中韓印豪 NZ の 6 カ国が、ASEAN と持つ 5 つの FTA を束ねる広域的な包括的経済連携構想であり、2011年11月に ASEAN が提唱した。その後、16カ国による議論を経て、2012年11月の ASEAN 関連首脳会合において、正式に交渉が立上げられた。RCEP が実現すれば、人口約34億人（世界の約半分）、GDP 約20兆ドル（世界全体の約 3 割）、貿易総額10兆ドル（世界全体の約 3 割）を占める広域経済圏が出現する。

3　中国版のグロバリゼーションの最終目標と現状

　地域統合戦略において、TPP への加盟は、中国にとって最終目標ではない。

邵宇氏（東方証券首席経済学者）は、1）中国の最終目標を、新たな対外利益交換モデルの構築にあるとして、自らの利益に適う国際貿易、投資、貨幣循環システムを作ることは、グローバル戦略において大きな意味を持つとした。2）また、貿易によって国と国の経済関係を深めることができ、過剰設備と資本を投資・輸出することもできる。3）さらに、この過程において、人民元国際化戦略を組み込むことができる。最終的には中国の経済的影響力は、人民元の国際化によって引き上げられるとしている。

　中国において、今後実施されるアジア太平洋地域統合戦略及び「一帯一路」戦略がお互いに呼応すれば、中国版のグロバリゼーションの助力になる。

　評論家の石斉平氏は、中国版グロバリゼーションは、3つのステージ、1）各種FTAの拡大、2）陸地海上の相互関係の深化、3）人民元国際化を含んだ世界経済の新たなスタンダードのセッティングから成るとしている。

　しかし、現在の中国はその戦略の初期段階にある。とくに国際金融分野においてノウハウと人材が乏しい。一方、米国はG8、IMF、世界銀行、地域的開発機構、国連、BIS、IOSCOのメンバー国という立場から、国際政策の方向を誘導することができる。さらに、米国財務省は、通常IMFと世界銀行の専務理事、総裁、副総裁などを任命することができる。これに対して中国の国際機関における発言力はまだ低い（図表8 −20を参考）。

　つまり、中国が軍事力によって米国と対抗することは、まずない。経済分野において、米国と大きな差が存在していることは、中国政府が充分認識しているため、「協力＋競争」による、ウィンウィンの関係を構築することがただひとつの道である。

Ⅲ　人民元国際化ロードマップの展開図

　総括して言えば、人民元の国際化は、1つのメインラインと2つの次元を中心に推進されている。

　1）まず、メインラインは、資本の自由化と為替の自由変動である。

図表 8 -20　国際組織における中国の参加状況

組織名称	参加する中国の機関	機関のランク	活動の状況	備考
G20	外務省	国家指導者 大臣級	1年に2回	
	財務省			
	中国人民銀行			
	銀行監督管理委員会			
国際通貨基金（IMF）	中国人民銀行	中央銀行総裁 局長	1年に2回 月次会議	執行理事一名と 若干名の顧問を 派遣している
世界銀行（WB）	財務省	中央銀行総裁 局長	1年に2回 月次会議	執行理事一名と 若干名の顧問を 派遣している
経済協力開発機構 （OECD）	参加しない	会議によって異 なる	臨時会議	
金融安定理事会（FSB）	人民銀行	中央銀行総裁	1年に4回 会議	香港金融管理局 が参与
	財務部	大臣級		
	銀行監督管理委員会	部長		
国際決済銀行（BIS）	中国人民銀行（株主）	中央銀行総裁	1年に4回、 委員会が決 定	香港も1つの株 主とする
支払決済委員会（CPSS）	中国人民銀行	中央銀行副総裁 あるいは局長	4回	香港参与
グローバル金融 システム委員会（CGFS）	中国人民銀行	中央銀行副総裁 あるいは局長	4回	香港参与
国際会計基準審議（IASB）	財務省	副大臣		香港参与
	銀行監督管理委員会	局長		
バーゼル銀行 監督委員会（BCBS）	中国人民銀行	中国銀行総裁		
	銀行監督管理委員会	銀行監督管理委 員会会長がこの 委員会の副主席		
証券監督者国際機構 （IOSCO） 技術委員会 執行委員会 新興市場委員会 アジア・太平洋地域委員会	銀行監督管理委員会	主席 副主席 局長	1年に2回	香港証券監督委 員会は技術委員 会の委員である
保険監督者国際機構（IAIS）	保険業監督管理委員会	次席		

（出所）潘・成（2011）

　資本の自由化について、資本勘定の開放は、まず人民元の開放（図表8 -
21を参考）からはじまり、そしてドルなどの他通貨が続く。資本の自由化
は、人民元国際化の最大のネックである。

236

図表 8 −21　資本勘定開放の詳細

ルート A （人民元と他の貨幣を自由両替刷る場合）	ルート B （資本勘定の元に人民元をクロスボーダーさせる場合）
個人の為替両替制限額を引き上げ、最終的に限度を廃止する。	国外銀行に対して為替手形を抵当に国内銀行から間接的に人民元の入手を許可する。人民元の入手及び国外への送金を許可する。
ある程度の額までを個人もしくは企業に対して理由なく両替させることを可能にし、限度額を次第に緩和し最終的に取り消す。	国外銀行に対して「点心債」を抵当に国内銀行から間接的に人民元の入手を許可する。人民元の入手及び国外への送金を許可する。
QFII の規模を拡大させ、最終限度額の制限を取り除く	国外銀行に対して国内債券を抵当に国内銀行から間接的に人民元の入手を許可する。人民元の入手及び国外への送金を許可する。
外国投資者の両替制限額を緩和しつつ、最終的に取り消す。	国外の銀行と企業に対して国内での「パンダ債」の発行を許可し、さらに国外への送金を許可する。
外国投資者の国内人民元金融商品への当為範囲を徐々に拡大させる。	国外の銀行と企業に対して国内での CD の発行を許可し、さらに国外への送金を許可する。
国外に対する債務の制限を徐々に緩和し総額に対する限度から比例許可制に変更する。	国外企業に対してクロスバーダー人民元貸付を強化する
国内銀行が資本勘定の元での両替を許可し、外貨による貸付および国外企業に対する貸付を許可する。	個人に対して一定金額の海外に対する人民元送金を許可し、限度額を徐々に引き上げる。
	企業に対して一定金額の海外に対する人民元送金を許可し、限度額を徐々に引き上げる。
	国内の投資家に対して、国外の人民元債券市場の投資を許可する。
	香港市民に CNY による人民元両替の限度額を引き上げる。
	そのほかの人民元オフショア市場の投資家に対して CNY による人民元両替の限度額を引き上げる。
	RQFII の規模を拡大させる。
	第 3 類機関の銀行間市場での投資限度額を拡大させる
	国外銀行による国内企業に対する人民元クロスボーダー貸付を許可する。

（出所）馬駿、劉立男「資本開放の順序と人民元クロスボーダー流動」2013

図表 8 −22 人民元国際化ロードマップの展開図

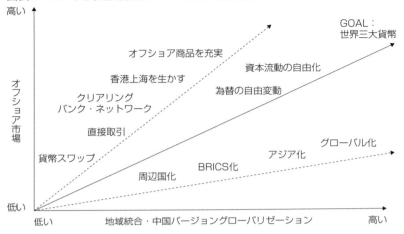

　このメインラインを実現させるためには、人民元為替の市場化改革を通して、為替の自由変動につなげる必要がある。
　2）2つの次元とは、次の2つのことである。
　一つは、人民元オフショア市場建設（通貨スワップ、直接取引、クリアリングバンクなど）を通じて、人民元オフショアの広さと深さを高める。
　もう一つは、中国版のグロバリゼーションの地域統合を通して（貿易、投資、ODAなど）、人民元の周辺化、BRICs化、アジア化とグローバル化を進める。
　人民元国際化ロードマップの展開は、図表 8 −22に示されているように、人民元資本勘定の開放と人民元の自由変動というメインライン、またオフショア市場と地域統合・中国版グローバリゼーションの2つの次元において、同時に進行している。
　通貨国際化の初期段階に、このような形になることは、他の例からはあまりにも見られない。
　また、世界をターゲットとした中国の地域統合戦略の展開に従い、今後、貿易、投資、ODAなど様々な形で、人民元の国際化推進が予想される。
　これに伴い、多種多様な人民元の出現も予想できる。例えば、貿易元、

BRICS元、Marshall元、Commodity元、石油元、ユーロ（オフショア）元、地政安保元などである。

　現在、世界における貨幣備蓄のウェイトでは、ドルが6割、ユーロが3割に対して、人民元は1％に満たない状況である。人民銀行首席経済学者の馬駿は、世界の貨幣市場に対して、まず今後20年余りは、ユーロの代替として1－2割のウェイトにまで成長する。さらに2030年から2060年にかけて、ドルを代替することを予想している。ドルを代替する過程は、急速なものと考えられ、人民元ウェイトは、50％もしくはさらに高くなるという予測も挙げている。これはこれまでの予測において、もっとも権威的かつ内容からは震撼するものとなった。

■ 第4節

人民元国際化における
中国政府スタンス及びその問題点

Ⅰ　中国政府のスタンス

1　資本勘定の両替を加速させている

　これまで中国政府は、資本勘定の開放を時期尚早と考えてきた。しかし、2013年からこの見方は大きく変更され、賛成の意見が増えつつある。さらに戦略的プランと実際の推進の両方において、ペースを速めている（図表8－23）。

　中国政府と世銀研究所との共同研究によれば、中国では2030年までに資本自由化が実現されると予測したが、現在のペースを見れば、あと5〜8年で実現されるだろう。

2　香港と上海の役割を生かして

　香港と上海の役割を生かすことは、中国政府のもう1つのスタンスである。香港は、中国にとって特別に位置づけられる存在である。中国は香港と

図表 8-23　中国政府の資本勘定開放における戦略と具体的な進め方

	2013まで	2014から
戦略的な考え	なし或いは重要視されていない 部分的にのみ見られる 意識が統一されていない 体制内に反対意見が多い	本格的に考えられ始め 実行され始めた トータルの計画はまだないが 反対意見が少なくなっている
推進方法	漸進式 貿易・投資・ODA を中心とする	漸進式だが、加速している 人民元オフショア建設を加速 地域統合の推進により全領域に展開
人民元マーケット	香港をメインとするオフショア市場の強化	①オフショアのネットワークを建設 ②Onshore 市場の上海を金融センターに（上海 FTZ のスタート）⇒国内 Offshore 市場を目指す？
資本取引の自由化	①論争が激しく、慎重論が主流 ②資本勘定の項目の中で、すでに75％が開放された	①改革派が主流、反対・疑問の声がまだあるが、少数派のようだ ②上海前海実験区を利用して、まず人民元のみの資本取引をオープンに ③香港と世界の人民元を大陸に流させる、前海と上海をテストに ④大陸の人民元を海外に流す

上海の地理的位置を利用して、人民元の国際化を進めている。

　海外の資本が中国大陸と取引する場合には、一旦香港を通さなければならないという考え方である。これも、人民元国際化（資本取引の自由化）によって生じうるリスクをある程度ヘッジするやり方と考えられる。

　上海を人民元オフショア金融センターにすることは、中国が、上海に国際金融センターを建設する一環である。

図表 8 −24　香港と上海などによる資本自由化への試み

分類		上海モデル	前海モデル	香港	中国	日本
経常勘定		◎	◎	◎	◎ 1994年より開放	◎ 1972年より開放
資本勘定	全体	▲	▲	◎	×　⇒　△ 1999年予定した	◎ 1984年より開放
	元のみ	○ 香港とテスト中	○ 香港とテスト中	◎	×　⇒　△	
	元と外貨	×	×	◎	×	

注：開放度の順は◎○▲△×。

　中国は、上海自由貿易区を資本勘定開放の試験区域として、将来的に自由貿易区内にオフショア金融センターを建設する考えがあるではないかと思われる（図表 8 −24）。

Ⅱ　人民元国際化の問題点

　人民元国際化の問題点は、まず、人民元に対する過大評価である。

　元の清算額は、2014年 4 月までに、世界の1.4%。しかもそのほとんどが大陸香港の間（2014年 9 月香港は97.26%）でわずかな額である。

　貿易の場合では、2013年に、媒介通貨から見れば、元 vs. ドルは、8.7% vs.81%、米ドルは人民元の約10倍。また中国の8.7%の内、80%が香港で決済され、香港を除く世界での人民元決済額は、まだ小さい。

　国際債券市場では2013年半ばの人民元債券の割合がわずか0.3%、且つその内の75%は大陸と香港の企業が所持している。そのほかの国の同時期の人民元債券の所持割合は0.1% 未満である。

　外貨準備から見れば、2014年初までに、米ドル、ユーロ、人民元の世界での割合は、それぞれ60%、25%、0.01%である。よって、人民元の規模がご

図表 8 −25　通貨のトリレンマから 3 〜 5 年後の中国への予測

	資本の自由化	為替レートの固定	金融政策の独立性
日本、米国など	◎	×	◎
ユーロ加盟国など	◎	◎	×
10年前の中国	×	◎	◎
現在の中国	× ⇒ △	○ ⇒ △	◎
3 〜 5 年後の中国（予測）	▲ or ○	▲ or ○	◎

注：開放度の順は◎○▲△×。

くわずかと分かる。

　次の問題点は、人民元国際化の難易度が高いことである。FT は、2014年
6 月24日に今後の困難を、次の「 3 つの山」として表現した。

　 1 ）元の価格の面から見れば、金利と為替レートの市場化という山（金利
自由化と為替変動制）。

　 2 ）元の流動性の面から見れば、資本勘定での兌換（資本取引）を完全に
自由化する難しさという山。

　 3 ）元マーケットの深さの面から見れば、人民元債券市場がまた小さいと
いう山である。

　今後、政府の実行力が問われる。通貨のトリレンマ（Mundell − Fleming
Model）の観点から、論争が続けられている。資本の自由移動、金融政策、
為替制度の三者は、互いにそれぞれの独立性を有し、同時に三つの目標を全
部実現することができないということである（図表 8 −25）。

　中国政府は、1996年に IMF 8 条国になって、貿易の自由化を実現した。
当時は「 5 年かけて、資本の完全な開放を実現する」という前向きの宣言を
行ったが、その翌年、アジア通貨危機が発生したことをきっかけに、一転慎
重な姿勢に変わった。

　現実にこの政策により、リーマンショックによる金融危機の中国経済への
影響をある程度防止できた点から見て、中国政府の主張は空論ではないこと
もわかる。今も、国内での慎重論が一部まだ強い。その代表者は元貨幣政策
委員会委員の余永定教授である。

　最後に、筆者が強調したいのは、統制が強い中国にとって、自由化による

政治的な意味もあることである。

　今後の中国にとって、資本勘定での兌換を自由化することは、経済のみならず、政治改革とも言える。

　人民元の国際化に当たっては、人民元の自由兌換への実現、及び人民元為替の完全な変動制への転換などが避けられないが、他方、完全な資本自由化になれば、中国経済、社会、政治が混乱に陥る可能性も否定できない。

＜主な参考文献＞

・川村雄介監修・著（2013）『習近平時代の中国人民元がわかる本』近代セールス社

・潘・成（2011）「中国融入グローバル金融枠のロード選択」、Edwin Lim、Michael Spence 編著『中国経済中長期の発展と転換』中信出版社

・中国人民大学国際貨幣研究所（2014）『人民元国際化報告2014』中国人民大学出版社

・馬駿、劉立男「資本開放の順序と人民元クロスボーダー流動」2013

・-UNCTAD（2014）*World Investment Report 2014*

ASEAN金融資本市場と国際金融センター

平成27年3月12日

定価（本体2,000円＋税）

編集兼　発行者　公益財団法人　日本証券経済研究所
東京都中央区日本橋茅場町１－５－８
東京証券会館内　〒103-0025
電話 03（3669）0737 代表
URL　http://www.jsri.or.jp/

印刷所　奥 村 印 刷 株 式 会 社
東京都北区栄町１－１　〒114-0005

ISBN978-4-89032-049-3　C3033　￥2000E